地方公立 進学高校の
受験指導

ミクロレベルから見る文化−認知的制度の確立と変容

中村知世

東洋館
出版社

地方公立 進学高校の
受 験 指 導

ミクロレベルから見る文化－認知的制度の確立と変容
中村知世

目次

序　章

高校教師の行為はいかに
理解できるのか　　　　　005

第 1 節　「地方公立進学高校制度」の制度化008

第 2 節　「地方公立進学高校制度」の変容　020

第 3 節　高校教師の行為を理解する

新たな説明図式　　　　　022

第 4 節　「文化－認知的制度モデル」と

新制度派組織社会学　　　025

第 5 節　本研究の方法および調査概要　028

第 6 節　本研究の構成と各章の概要　039

Ⅰ. 理論編　　　　　048

第 1 章

高校教師の行為を形作る
認知的枠組み概念の検討　　049

第 1 節　日本の学校組織研究　　　050

第 2 節　日本の教育社会学における教師研究　055

第 3 節　組織論の動向　　　　　069

第 2 章

新制度派組織社会学における
分析概念の検討　　　　077

第 1 節　制度化のプロセス　　　078

第 2 節　脱制度化のプロセス　　　081

第 3 節　1990 年以降の新制度派組織社会学が

想定するアクター像　　　086

Ⅱ. 分析編　　　　　　　　　98

第 3 章
東北地方A県における
受験指導重点化施策　　99
第 1 節　施策以前の公立進学高校を取り巻く
制度的環境　　　　　　　　　　ＩＯＩ
第 2 節　受験請負指導をルールとする
制度的環境の成立　　　　　　　ＩＯ3

第 4 章
Ｘ高校の受験請負指導の
確立と継承　　　　　　　109
第 1 節　受験請負規範の強化　　　ＩＩＩ
第 2 節　受験請負指導を構成する規範　　ＩＩ9
第 3 節　受験請負指導の制度化過程　　Ｉ23

第 5 章
Ｙ高校への普及と
「地方公立進学高校制度」の完成　Ｉ27
第 1 節　Ｙ高校の「進学校化」　　　Ｉ29
第 2 節　新たな受験指導の確立　　　Ｉ30
第 3 節　Ｙ高校の旧制度への埋め込み　　Ｉ33
第 4 節　Ｘ高校の受験請負指導の普及　　Ｉ34
第 5 節　制度的移植者としての教師　　Ｉ38

第 6 章
「地方公立進学高校制度」の
脱制度化と帰結　　　　　Ｉ43
第 1 節　連携制度の
脱制度化：2000年代後半　　　　Ｉ44
第 2 節　放課後確保制度の脱制度化と
守護者の減少：2010年代前半　　Ｉ47
第 3 節　中核的制度と補助的制度を
決定する要因　　　　　　　　　Ｉ50
第 4 節　変容する「地方公立進学高校制度」の
帰結　　　　　　　　　　　　　Ｉ53

終 章
「文化－認知的制度モデル」の
提示と「地方公立進学高校制度」の
行方　　　　　　　　　　159
第 1 節　分析結果の概要　　　　　Ｉ60
第 2 節　高校教師の行為を理解する
「文化－認知的制度モデル」の提示　　Ｉ65
第 3 節　「地方公立進学高校制度」の行方　　Ｉ70

引用文献一覧　　　　　　　　Ｉ79
初出一覧　　　　　　　　　　Ｉ84
あとがき　　　　　　　　　　Ｉ87

序 章

高校教師の行為はいかに理解できるのか

　本研究の目的は、高校教師の行為（action）を理解する新たな説明図式を提供することである。すなわち、教師の行為を形作る認知的枠組みが、一つの**時間・空間を越えて広く影響を与える制度として存在**することができ、それが別の時間・空間の教師の行為に影響を与えていること、そして制度化された認知的枠組みは**連続的な変容を前提とすべき存在**であること、これらを含意する「文化－認知的制度モデル」を高校教師の行為研究に対して新たに提示することである。

　そこで本研究が着目したのが、生徒の大学受験に対する地方公立進学高校教師の指導である。その指導をめぐる1990年代から2010年代前半までに起きたある変化に注目していく。

　1980年代後半、一部の地方では大都市との大学進学率の格差縮小に向けて、県教育委員会主導のもと県内の公立高校を指定校とした、受験指導重点化施策が実施された。とくに東北地方では6県すべてで1990年代に受験指導重点化施策が実施されている（千田 1993）。なお、本研究では上山（2013）の分類により、埼玉、千葉、東京、神奈川、愛知、京都、大阪、兵庫、奈良は三大都市圏とされることからこれら以外の地域を「地方」と呼んでいくことにしたい。

表1 1991年度時点の各県教育委員会の事業一覧

県名	指定校	補助金額	事業内容
青森	6校	200万	学習セミナー、進学講習会、県外視察など
秋田	4校	計200万	進路に関する講演会、県外視察、学習合宿など
岩手	（未記載）	（未記載）	中・高の連携事業　学力向上プロジェクトチーム
山形	16校	平均250万	学習合宿、県外視察、講演会、教材開発
宮城	13校	90〜100万	県外視察、進学講習会、情報処理システムの導入
福島	30校	全体3000万 1校50万	学習合宿、県外視察、講演会、教材開発

注）千田（1993, p.27）から引用。本研究の事例県の匿名性のため、開始年度の情報は削除して掲載。

　東北地方のなかでもA県に注目してみると、進学実績上「トップ校」と位置づけられていた公立高校で、1990年代にかけて、教師は生徒の大学受験の結果を請け負わなければならないという規範を伴った受験指導が構築されていった。その規範を以後、「受験請負規範」と呼んでいくが、その内容を詳しく述べれば以下のとおりである。

　　生徒の大学受験競争の結果は、生徒自身が負うのみならず、教師が一義的にその責任を請け負うべきである。それゆえに、教師の指導の「成果」は難関大学の合格者数に反映されると考えなければならない。

　東北地方では1990年代を通し、上記の受験請負規範が、県教育委員会の受験指導重点化施策によって公に提示され、さらに学校現場で補強されることによって受験請負規範が伴った受験指導が構築されることになった。さらに、この受験指導は次代の教師に継承され、他校へと普及し、制度化していく様子があった。

　比喩的にこの変化を述べれば、それ以前の受験競争では、あくまで生徒が「走者」であり、教師はそれを（影で）応援する者でしかなかった。しかし1990

年代にかけて、教師は自分自身もスタートラインに立ち、しかも生徒を背負って一緒に競争することが当たり前となったのである。つまり、教師は大学受験競争の結果を生徒から請け負う指導を進んで行い、その「成果」は合格という競争の「勝利」をもって測られるはずであると考えるようになった。

ただし、受験請負規範を伴う受験指導が制度化されたあと、それは安定的に存在し続けるわけではなかった。受験請負規範は維持されつつも、それに連なって構築されていた個別的な制度の一部が、2010年代になると徐々に消失していく様子があった。

以上述べたように受験請負規範を伴う受験指導が制度化され、さらに変容していったあと、それが後の世代の教師たちにもたらした帰結を事例とすることで、高校教師の行為を理解する新たな説明図式として、「文化－認知的制度モデル」を導こうとするのが本研究である。すなわち、第一に、ある一つの時点の高校組織において、教師たちが確立した教師の行為を形作る認知的枠組みが、次第に他の時間（次代の教師）・空間（組織）に広がりをみせる制度となり、広がった先の教師の行為に影響を与える様子をミクロレベルから明らかにする。第二に、このようにして一度制度化された認知的枠組みは、中核的要素を守りながら補助的要素を徐々に消失させていくという、連続的変容をとげる様子を明らかにする。この二つの段階を明らかにすることで、高校教師の行為を、制度化された認知的枠組みとの関係から理解する、「文化－認知的制度モデル」を本研究は導くことができるだろう。

第1節 「地方公立進学高校制度」の制度化

　本研究では、冒頭で示したとおり、教師たちが生徒の受験結果に対し一義的な責任を背負い、その「成果」は難関大学の合格者数の伸びに表れると思わなければならない規範のことを、「受験請負規範」と呼ぶことにした。そしてそれ以前の受験指導と区別するため、この受験請負規範が伴う受験指導のことを「受験請負指導」と呼ぶことにしたい。

1　1990年代の現役進学率の上昇と地方公立進学高校の受験請負指導

　冒頭では、1990年代以降に、受験請負指導が地方の公立高校でみられるようになったことを述べた。だが、受験請負規範をともなわない単なる大学受験に向けた教師の指導自体は、1990年以前にも都市と比較して地方の高校で手厚く実施されていた状況は度々指摘されてきた。例えば後藤（1959）は、1950年代後半頃に地方の高校の方が都市の高校と比較して模擬試験や総合実力テストの実施回数が多いことや、補習授業が充実している様子などをとらえている。1970年代の地方公立進学高校の受験指導の実態については、仙崎（1977）が「都市圏以外のいわゆる地方の高校での指導のあり方を示す好事例」として選んだ、東北地方のある県の公立進学高校で、受験指導のための綿密な体制が構築されている様子を報告している。また、1970年代から80年頃にかけての様子は樋田・耳塚他（2000）が報告している。彼らの関心は1980年代に個性化・多様化路線を歩んだ教育政策に基づき、生徒の進路を経路づけるトラッキング構造としての高校階層構造が弛緩しているのを調べることであった。そのなかで、1979年調査時の対象となった東北地方のA県と、中部地方のB県の公立進学高校において、補習の実施や模擬試験の実施、学年単位での進路指導の機会を設けるなど、懇切丁寧な受験指導が実施されていたことを観察している。

　ところが1990年代になると、生徒の大学受験に教師が単に関与するという意味合いの受験指導から、教師がその責任を一義的に背負う受験請負指導へと質的な変化を遂げた様子が先行研究で示唆されるようになる。まず、先に引用した樋田・耳塚他（2000）では、1997年調査時に1979年調査時以上に、対象校での受験指導が手厚く実施されていく変化が観察されている。そして都市部と地方の公立進学高校の生徒の進路選択を研究した有海（2011）は、手厚い受験指導のみならず、都市部の教師と比較した際に「全面的に面倒をみる」という姿勢が地方公立進学高校の教師には存在していることを指摘する。

　受験指導の質的な変化をうかがわせる先行研究の知見はいずれも一部の地域の一部の公立進学高校で観察されたものであった。だが、それが「地方」に属する多くの公立高校で経験されやすかったことを推察させるのが次の図1・2のデータである。

　図1・2はいずれも、文部科学省『学校基本調査』から算出できる「現役進学率」と「公立高校占有率」を軸とした座標上に各都道府県をプロットした散布図である。ここでいう「現役進学率」とは、その年の大学進学志願者に占める現役進学率を表している。まず、全国平均の推移を確認しておきたい。1987年3月卒業の高校生に占める大学進学者の割合[1]が31.0%のころ、大学進学志願者[2]のうち、現役で進学できた者[3]の割合の各県平均は70.7%であった[4]。それから約10年後の1999年3月卒業の高校生の大学進学率[5]は44.1%へと急上昇し、大学進学志願者[6]のうち現役で進学できた者[7]の割合の各県平均も82.2%と10ポイントほど上昇した。

　この2時点の現役進学率を各地の公立高校占有率との関係から都道府県別にとらえたのが図1・2である。図1・2をみると、とくに公立高校の占有率が75%以上の地域で現役進学率のばらつきが縮小した様子がわかる。図1は1987年3月の現役進学率と各都道府県内の高校全体に占める公立高校の割合[8]を縦軸にとっている。1987年時点では、全体として現役進学率にばらつきがある。一方、図2は1999年3月における同様の図である。1999年をみると、

図1　1987年3月の現役進学率と公立高校占有率の関係

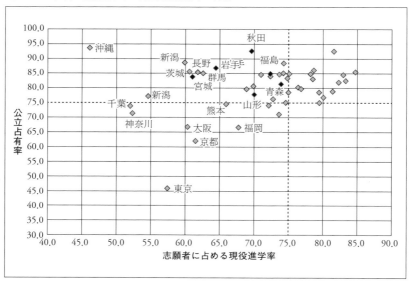

全体としてばらつきは縮小し、とくに1987年時点で現役進学率が75%以下で、かつ公立高校の占有率が75%以上の地域でばらつきが縮小し、1999年には約80%以上にまで現役進学率が上昇したことがわかる。

　ただし注意したいのは、現役進学率上昇の原因を地方の公立高校における受験指導が受験請負指導へと質的に変化したことに求められるか否かを判断できないことである。実際には、18歳人口が減少する割合に比して大学収容力が維持されていたことによる構造的な要因で、現役進学率の上昇はほぼ説明されるであろう。ここで強調したいことは、学校現場の教師からみた眺めである。教師からすれば、1990年代は教え子たちが続々と高校3年間の学習だけで大学合格していくようにみえたわけである。先述した構造的な原因があることに教師が気づいていなければなおさら、教師たちは自分たちの受験指導によって、生徒たちを現役合格させたように「錯覚」しやすい状況が生ま

図2　1999年3月の現役進学率と公立高校占有率の関係

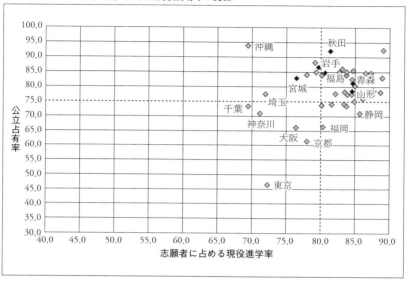

れたと考えられる。とくに、急激な現役進学率上昇を経験した多くの地方の公立高校の教師たちには、そのような「錯覚」が生じやすかったことが推測されるのである[9]。

2　1990年代の地方県教育委員会における受験指導重点化施策

　もちろん、このような「錯覚」が生じやすかったからといって、1990年代を通じ地方の公立高校で受験請負指導が広く確立していったと断言することは難しい。そこで本研究は1990年代に一部の地方で実施されていた受験指導重点化施策[10]に注目することにしたい。この施策のもとでは、施策的要請としてとくに当該地域ですでに「進学校」として名が通っている公立高校の教師に対して受験請負指導が求められたからである。かねてから都市部と比べ大学進学率が大幅に低迷していた地方では、1980年代半ばに各地の県議会などで、公立高校の大学進学実績低迷が問題視されるようになる（小川 2000, p.125）。

そして1990年頃から次々に教育委員会による公立進学高校への受験指導重点化施策が実施された。

　もちろん、国の教育政策からすれば、地方県教育委員会による受験指導重点化施策は「時代錯誤」であった。1980年代は、加熱する受験競争を緩和すべく、国の教育政策が大きく舵を切った時代である。いわゆる「ゆとり教育」への転換である。知識の詰め込み教育から、知識を活用する教育へ、偏差値による進路指導から、生き方を考える指導へ、そして多様な入試形態の導入など、大学受験の加熱が引き起こす「弊害」を取り除く政策が次々に行われ、個性化・多様化が目指された。

　それにもかかわらず、地方県教育委員会が受験指導重点化施策を実施したのは、1990年代前後に次のような社会状況、そして問題の認識があったからである。

　第一の社会的状況は、1975年から1990年頃まで、秩序形成効果をもった熾烈な受験競争が展開されていたことがあげられる。秩序形成効果とは久冨（1993）の言葉であるが、それによれば、受験競争の「結果を一つの序列として参加者を上・下に秩序化し、それを「正当」なものとして受け入れさせる」（久冨1993, p.72）ことを指す。秩序形成効果を伴った受験競争は、全体を巻き込んだゼロサムゲームのようであり、「どこでも優・劣、上・下というたての関係が強く意識され、その上部では「卓越化（少しでも他に抜きんでて差をつける）」の競争が、下部では振り落とし（「周辺化」）をめぐる争いがうちつづくことになる。総じて上から下まで幾段にもわたって、ちょっとした差が優・劣の等級づけとなる果てしない「差異化」が

（出典）朝日新聞朝刊1991年4月27日付
図3 当時の受験指導重点化施策の
　　様子を伝える新聞記事

展開され」（久冨 1993, p.73）ていった。このような受験競争が繰り広げられるなかで、当然、参加者個人だけではなく、高校も序列化されていく。高校間に階層構造が出現することで、できるかぎり「上位」にいることが正当とされる時代となっていた。

　第二に、偏差値の登場がある。受験競争の秩序形成効果によって生じた受験参加者個人、そして高校の序列関係は、偏差値の登場によって可視化されることになる。また、偏差値は、生徒の受験に対する教師の指導を可能とした。たしかに、偏差値の誕生は、「生徒のための教育的指導法の開発」（中村2011, p.108）が動機となっていた。中学校の進路指導のために開発された偏差値は、すぐに大学入試にも波及した。偏差値そのものを算出するのは、全国の高校で模擬試験を実施し、その成績データを収集できた予備校である。その偏差値を元に教師は生徒がどの大学であれば「柄相応」であるのか、どの大学であれば挑戦可能であるか、その相談役として介入することがこれまで以上に可能となった（中村2011）。中村（2011）は、メリトクラシーが本来的に持つ再帰性という性質が教育の大衆化と連動したことによって、偏差値が導入され受験生の能力不安を取り除く装置となっていたと位置づけているが、それは教師にとっての指導の不安を取り除くことにもつながった。1976年には文部省が偏差値の利用を自粛する通達をだしたにもかかわらず、確実な進路選択をするために有効だった偏差値は、その後も高校での指導に広く利用されていく（岩木2000, p.27）。

　高校が序列化されていくなかで、できるかぎり「上位」にいることが正当とみなされていたということ、そして偏差値の登場によって教師の受験指導が一層可能になったこと、この二つが、地方の県教育委員会に受験指導重点化施策を決定づける背景的要因となっていた。

　しかし、先述したように国の教育政策はこれらの状況を打ち砕くことを目指したものである。それに逆らって地方県教育委員会の施策が、過熱する受験競争に巻き込まれてしまったのは、その施策を必要とする独特の問題認識

が地方に共通して存在したからであった。以下は1993年の雑誌『教育』の冒頭の記述である。なお、下線による強調は筆者による（本書、以下すべて同様である）。

　　いま、日本列島は加熱した学力競争状況へとすすみつつある。……1970年代後半からは、国民生活全般の競争主義的改編がすすみ、また公立学校に矛盾が集中するなかで大都市部で私立中学校への進学競争が加熱化し、小学校にまで学力競争が降りてきた。そして今日、<u>大都市部での競争の加熱によって相対的に農村部、周辺部の学力が低くなり、大学進学が不利になっているというキャンペーンがはられ、県当局をまきこんだ学力向上運動が、日本列島の「周辺」で異常な様相で進行している</u>。県独自の学力テストの実施、学力向上重点校への県予算の支出等がすすめられ、重点校での1日の授業時間が7、8時間にもなるというようなことが起こっている。（雑誌『教育』p.5）

　同書で鹿児島県の例を報告した佐々木は、地方の立場から「全国的にみて、この間学力競争による都市部と地方の学力格差はどんどん広がっており、これが地方の焦りとして学力向上運動を引き起こしている」（佐々木1993, p.41）と指摘した。地方では、受験競争で「下位」に属することが「学力」の問題と認識された。そして都市部との格差縮小を考えたとき、都市のように塾などの学校外教育機関が乏しい地方では、「学力向上」と称して、学校現場に対する受験指導重点化施策の実施を選択したのである。

3　東北地方における受験指導重点化施策

　東北地方はその典型であった。冒頭の表1（p.6）で示したように、東北地方では1990年代にすべての県で受験指導重点化施策が実施された。1990年の大学進学率の地域分布をみると、三大都市圏[11]では平均して27.0%であるのに対し、東北地方の大学進学率は青森15.4%、岩手16.7%、宮城20.3%、秋田

16.9%、山形18.8%、福島17.7%と、宮城県を除く5県については、三大都市圏と比べ約10%の開きがある（上山 2013）[12]。大学進学率の地域分布については、佐々木（2006）により、1974年から2005年までの状況が分析され、大学進学率の「中心－周辺の三重構造」の存在が指摘されている。すなわち、三大都市圏、三大都市圏に隣接する北関東から中国・四国に至る地域、そして北海道・東北および九州・沖縄の順で、大学進学率が低くなるという構造である。本研究が事例とする東北地方は大学進学率の地域格差で常に劣位にある地域であった。

　現役進学率と公立高校占有率の関係を示した図1と図2も確認しておこう。とくに、ここでは人口規模や現役進学率の傾向が異なる宮城県を除く東北5県に注目してみる。この間の現役進学率の県平均上昇率は11.5%であるが、東北地方の5県はほぼ平均上昇率かそれ以上の上昇率となっている（青森10.7%、岩手15.1%、（宮城15.4%）、秋田11.7%、山形14.6%、福島8.2%）。そして宮城県以外は平均現役進学率約80%以上の水準に到達している。東北5県は、いずれも公立高校占有率が約80%以上であり、かつ大学進学実績上私立高校よりも公立高校の方が優位な地域であることから、1990年代を通じての現役進学率上昇は、とくに公立高校に大きくかかわる変化であったことが予想される。

　つまり、東北地方においては、県教育委員会の受験指導重点化施策の実施が重なるところに現役進学率上昇という現象が生起しており、公立高校の教師たちは生徒の受験競争に対して自分たちの受験指導が大きな責任を背負っている、または背負わなければならないと認識しやすい状況に直面していたと考えられる[13]。

　このことは、東北地方における学校外教育機会の少なさとも関係していることだろう。参考までに経済産業省による『平成27年特定サービス産業実態調査』をみると、従業員が5人以上の学習塾の事業所数は、青森99、岩手73、宮城307、秋田82、山形124、福島154ヶ所しかなく、対して首都圏では東京2471、千葉1151、埼玉1419、神奈川1693ヶ所存在する。1990年代は2015年と比べ全体的に学習塾の数が少ないことが予想されるうえ、上述の数は大学

進学向けの塾なのか補習塾なのか、またどの学校段階の生徒へ向けたものなのかという区別はなく学習塾全体の数を示している。こうした状況からも、1990年代に東北地方で現役進学率が上昇したことに対しては、学習塾等の学校外教育機会の貢献と認識されるよりは、公立高校教師の受験指導が貢献しているはずだと認識されやすかったものと予想される。

このような理由から東北地方では1990年代に実施された受験指導重点化施策による公の要請を受け、受験請負指導が学校現場で顕在的な形で確立されやすかったと予想されるのである。そのなかで本研究はA県に注目していくことになる。A県は東北地方の他県に先駆けて、1988年度から受験指導重点化施策を開始した。その施策内容をみてみよう。最初の3年間で3000万円の予算が組まれ、県内の公立進学校数校を対象とした施策が実施された。進学指導、受験指導の充実が目指され、具体的到達目標として①入試センター試験の県平均点を全国平均点に近づける、②国公立大学への合格者数を2000名の大台にのせる、③東大、京大、一橋大、東工大への合格者をそれぞれの占有率の1%以上にする、という3点が掲げられた[14]。

生徒の難関大学合格に向けて、学校現場にこれらの内容を県教育委員会が求めたということは、教師たちの受験請負指導を公認したことを意味する。そして、後述していくように、地方の上位の公立進学高校では、すでに長年にわたって教師たちに対して受験請負指導への期待が生徒やその保護者からかけられており、そうしたなかで、受験請負指導の確立に向けて教師たちは堂々と動きだすことができたのではないだろうか。

以上より、1990年代にかけて地方の公立進学高校で受験請負指導が生じやすかったことがマクロデータを通して推測できることに加え、県教育委員会による受験指導重点化施策を実施した地域では、明らかな形で受験請負指導が観察されることが予想できる。

4　地方公立進学高校において期待されてきた受験請負指導

　さらに、大学進学希望者が多数在籍する地方公立高校のなかでも、受験請負指導の確立が強く求められていたと考えられるのが、古くは旧制中学の時代から現代に至るまで大学進学実績上の「トップ校」「2番手校」「3番手校」として各地域に君臨してきた公立高校だろう。以下本書で、「進学高校」という場合には、進学実績上でトップクラスの高校を指すことにしたい。

　地方公立進学高校に対して1990年代に受験請負指導の確立が強く求められていたと考えられるのは、これらの高校が、地方の社会的エリート予備軍を高等教育機関に輩出する、唯一のルートとして存在してきた歴史的文脈が関係している。黄（1998）は、本研究で地方公立進学高校と呼ぶ高校を「日本のエリート高校」と位置づけ、その学校文化を論じている。黄が指す「エリート高校」の定義も、「地方」に属するという条件を加えれば、ここでいう地方公立進学高校の定義として当てはめることができる。黄による「エリート高校」の定義は以下である。

　　エリート高校とは次の三つの条件を前提にしている。すなわち、学校の文化的、社会的威信が高く、卒業生の多くを社会の各分野でエリートとして活躍させる比率が高く、学校間の学力に基づいた位階制の高位に位置づけられるという条件を満たすことである。（黄1998, p.i）

　このような条件を歴史的に満たしてきた地方の公立進学高校で、1990年代に受験請負指導の確立が強く推進されていったことは想像に難くない。

　後述するように、本研究では東北地方A県の「トップ校」（X高校と呼んでいく）を事例とすることになるが、この高校の校歌には「国家の運命雄々しく負わん」という象徴的な歌詞が含まれている。さらに、一部の特権層だけが高等教育進学を目指す時代から、大衆教育社会（苅谷1995）が到来して日本の隅々まで学歴主義が浸透した今日まで、地方公立進学高校の社会的な位置づけは概

ね変化することなく、地方の社会的エリート予備軍たちが地位達成をするための主要なルートであり続けている。

　従来、このルートに乗って社会的エリートとなった人材は、「故郷に錦を飾る」ことや、社会全体の奉仕者として活躍することが期待されてきた（苅谷他2007）。実際に、2000年代後半に至っても、生徒たちは社会貢献意識を伴う自己実現を目指して大学進学意欲が加熱されている様子も報告されている（有海2011）。それゆえに、これらの高校から難関大学進学者を輩出することは、地域の繁栄にかかわる重要な課題として地域社会から期待されてきた。

　このように地方公立進学高校は、高等教育への進学を希望する生徒、それに対面する教師という関係が、創立以来脈々と続き、また、地域社会の繁栄と結びつけられながら受験請負指導を求める期待は高い状態であった。そして1990年代に県教育委員会による受験請負指導確立の要請が加わり、他の地方公立高校に比べより明確に受験請負指導が確立されやすい条件が整っていたといえよう。

5　「地方公立進学高校制度」の制度化

　本研究では受験請負指導を、地方公立進学高校に1990年代をとおし広く共通して存在していた可能性があるものと仮定しつつ、とくに受験指導重点化施策を実施した地域で、かつ進学実績が長年トップクラスの地方公立進学高校で顕在化していた位置づける。

　その典型として東北地方のA県を、そして大学進学実績上「トップ校」と称されるX高校を中心的事例として取り上げる。そのA県X高校で1990年代に確立された受験請負指導が、次代の教師へと継承され、そして他校へと普及し制度化していく様子をとらえることが、本研究の第一の分析課題である。受験請負指導は地方公立進学高校に広く共通していることを仮定できるため、制度化された受験請負指導のことを、本研究では「地方公立進学高校制度」と呼び換えていくことにしたい。本研究の第一の課題は受験請負指導の確立と

継承、普及を明らかにすることで、「地方公立進学高校制度」の制度化過程を
示すことである。

　なお、本書で受験請負指導の確立という表現を度々使用するが、制度化の
意味とは区別して用いている。つまり、確立というときには、ある一時点の組
織成員にだけ通用する認知的枠組みとしてそれが「出現した」ということで
ある。それが出現した文脈を離れ他の時間・空間へと継承・普及する過程を
経たとき、受験請負指導が「制度化した」という表現で理解していくことにな
る。詳しくは第2章の理論検討で説明したい。

　1990年代のA県では県教育委員会の受験指導重点化施策の実施によって、
県内の公立進学高校は、受験請負規範を伴う受験指導、すなわち受験請負指
導をルールとする制度的環境におかれることになった。そして、X高校では
教師たちの積極的な関与によって受験請負指導が確立されていく。さらにX
高校で確立された受験請負指導は、その後、次代の教師たちに継承され、さら
に同学区のY高校へ異動した教師たちの働きによって、Y高校へと普及して
いく。Y高校では2000年代後半に受験指導改革が起こったが、その改革を主
導したのは1990年代にX高校に勤務していた教師たちであって、新たな受験
指導の確立に、X高校の受験請負指導が参照されていた。このような過程を
経た、A県X高校の受験請負指導は、「地方公立進学高校制度」として制度化さ
れていったとみることができる。

　以上の過程を事例とすることで本研究の理論的課題のうち、ある時代のあ
る組織のミクロレベルで構築された教師の認知的枠組みが、次第に広範な時
間（次代の教師）・空間（組織）に影響を与える制度と化し、制度が広がった先の
教師の行為に影響を与える現象をとらえることができるだろう。

　本研究の第一の分析課題と、その理論的意義を以下に再度明示しておく。

　　第一の分析課題：受験請負指導の確立と継承、普及を明らかにすること
　　で、「地方公立進学高校制度」の制度化過程を示すこと。

理論的意義：ある時間・空間のミクロレベルで構築された教師の認知的
枠組みが、時間・空間的に広がる制度と化し、制度が広がった先の教師の
行為に影響を与える現象をとらえる。

第 2 節 「地方公立進学高校制度」の変容

　A県X高校で観察された「地方公立進学高校制度」は制度化当初の姿で安定
的に存在してはいたわけではなかった。1990年代のX高校では、「成功」を収
めた「地方公立進学高校制度」は教師たちの達成感の源泉となっていた。しか
し、「地方公立進学高校制度」は、2000年代後半になると徐々に変容していた。
教師間の連携を前提に生徒の成績向上を目指した「地方公立進学高校制度」
から、次第に連携が消え、担当クラスの成績をめぐって、教師間の競争が熾烈
化する「地方公立進学高校制度」へと形を変えていた。変容は、「地方公立進
学高校制度」を構成する具体的な規範やふるまいが部分的に徐々に消失する
形で現れていた。一方で、「地方公立進学高校制度」に伴う受験請負規範、す
なわち生徒の大学受験に対して教師が一義的な責任を背負い、難関大学合格
実績の伸びを「成果」とみることを適切と考える規範をはじめとし、「地方公
立進学高校制度」を構成するその他一部の規範やふるまいは変わらず保持さ
れていた。

　以上のような「地方公立進学高校制度」の変容を本研究で示すことで、一度
制度化した認知的枠組みであっても、変容を前提とすべき存在であること、
さらに、その変容のあり方は、中核的要素を守りながら補助的要素を徐々に
消失させるという連続的な変容を遂げることを示す。そうすることで、印象
的な出来事によって新しい制度へと不連続的、段階的に変革されるという分

析枠組みとは異なる、新たな変容の枠組みを提供することができるだろう。以下に、本研究の第二の分析課題とその理論的意義について提示しておく。

第二の分析課題：「地方公立進学高校制度」の変容を明らかにすること。
理論的意義：制度化された認知的枠組みは、連続的変容を遂げる存在ととらえるべきことを示す。

第二の分析課題は、変容後の「地方公立進学高校制度」が教師にもたらす帰結を論じることにもつながる。事例とするA県X高校では、先述したように、生徒の成績を向上させるために前提としていた教師間の連携が次第に消え、代わって、担当クラスの成績をめぐって教師間の競争を熾烈化させる「地方公立進学高校制度」へと変容していった。その結果、何が起こったのだろうか。X高校では2010年代、目標とされる難関国立大学の合格者数が伸び悩むという現実に直面してしまう。合格者数が減った原因は複合的に存在しているにもかかわらず、「地方公立進学高校制度」のもとでは、教師たちは生徒の受験結果に対し自分たちの指導に一義的な責任があり、その「成果」は難関大学の合格者数の伸びに表れると思わなければならない。そのうえ連携に代わって競争を主軸とした教師関係を強いる「地方公立進学高校制度」へと変容したことで、教師個人の責任は明確化され増幅していく。望む「成果」を得られず達成感を欠いたまま、教師たちは過剰な責任感に苛まれていた。

受験請負指導の確立から変容までの約25年間を追うことで、こうした「地方公立進学高校制度」が持つ負の側面を、本研究は浮き彫りにできるだろう。現在、受験請負指導を取り入れようと考えている教師・学校、あるいはすでに取り入れている教師・学校が同じ轍を踏まないよう、実践面に対しても有用な知見を提示していきたい。

第 3 節 高校教師の行為を理解する新たな説明図式

　ここでもう一度、冒頭で示した本研究の目的を解説する。本研究は、「地方公立進学高校制度」の確立から変容までをみていくことで、高校教師の行為を次の図式から説明しようとするものである。それは、時間・空間を越えて影響を与える制度化された認知的枠組みの存在が、教師の行為を形作っているという図式であり、さらに、制度化された認知的枠組みは連続的に変容しうる存在であるという図式を示そうとするものである。以上の説明図式は、従来の教師の行為を理解する説明図式を補う形で、新たな理解を提供できるだろう。

　高校教師の行為を理解するための従来の図式は、「外的要因規定モデル」から「教員文化モデル」へと発展を遂げてきた。外的要因規定モデルとは、法規則による拘束や、研究者が設定する概念を外側から当てはめ教師のふるまいを理解しようとする説明図式であった。対して、教員文化モデルは、外的要因規定モデルへの批判・反省から、主に「新しい」教育社会学の興隆を受けて1980年代から90年代にかけて発展した。教員文化モデルの特徴は、教師の教育行為そのものを理解しようとする姿勢である。行為概念を用いていることによって社会学的な教師研究を志向したものであったと同時に、教師の行為の背後に、その「行動原理」となる認知的枠組みの存在を認め、その認知的枠組みはミクロレベルの相互作用によって構築されるものとみる説明図式である。この教員文化モデルは本研究の着想を得る上で重要な示唆を与えた図式であり、現在もなお、多くの研究者が参照している。

　しかし教員文化モデルには本研究がとらえようとする現象を理解するには限界がある。もちろん、高校教師の行為の背後原理となっている受験請負指導という認知的枠組みをとらえようとする本研究はまさに教員文化モデルに連なる研究ではあるものの、その認知的枠組みが、ある時間のある単一組織

で構築されたあと、その時間・空間を越えて、次の世代、他の組織の間に普及し、普及先のミクロレベルの教師の行為に影響を与える様相は教員文化モデルで明確化できるものではない。第1章で詳述するように、教員文化モデルには三つのアプローチが存在し教師の行為を多面的に分析することを可能としてきたが、教員文化モデルは単一組織のミクロレベルを基底および基軸とするところから明確に抜けでるモデルではないという点で、本研究の分析に対しては限界がある。

どのような概念を用いれば、教師の行為を形作る認知的枠組みが、ある時間・空間で確立されたのち、他の時間・空間へと広がっていく現象をとらえていくことができるのか。この疑問に対し、長谷川(2003)による次の指摘が示唆的であった。教員文化は「実践の規則についての共通認識を教員たちの間に普及し、彼ら／彼女らの実践の「標準化」を促すもの」であり、「実践を「制度化」する、このことが教員文化の基本的な方向である」(長谷川2003, p.37)との指摘である。つまり、ある単一の学校組織における教員文化が「空間的に広く行き渡り、時間的にも持続性のある実践」になるとき、「制度」という概念によってそれをとらえるべきことを、長谷川(2003)は指摘している。この指摘は、本研究がまさに教員文化の次なる段階、すなわち制度化段階に焦点を当てたものであり、それゆえ、その制度化過程を明らかにするために、教員文化モデルとは別の説明図式を用意する必要があることを示しているのである。

さらに本研究の分析課題は、一度制度化された認知的枠組みが、いかなるメカニズムよってどのように変容していくのかをとらえることにもある。このような分析課題を設定したのは、先述したように、本研究の事例である「地方公立進学高校制度」が、変容と呼びうる過程をたどっていたことから帰納的に導かれた分析課題でもあるが、先行研究においても教師の行為を形作る認知的枠組みの変容は前提とすべき過程とされてきたからである。

しかし、先行研究における分析レベルで論じられた変容は、古いものから新しい別のものへと入れ替わるという意味での変容を暗黙のうちに想定して

いた。組織論では、組織の発展プロセスとして安定的段階における連続的な変化プロセスである漸次的進化過程（incremental evolution process）と危機に直面し別の段階に移行する不連続な変化プロセスである革新的変革過程（radical revolutions process）が交互に組み合わさっていることを想定する（桑田・田尾2010）。これを参考にすれば、教師の行為を形作る認知的枠組みの変容に対しても、段階的に不連続な変容をたどるのか、あるいは、連続的な変容をたどるのか、このような区別をおくことは重要である。教員文化モデルにおいて変容を論じる研究は、この区別に自覚的ではなく、そしてどちらかといえば段階的に不連続な変容を前提としてしまっていた。

　本研究が着目する制度化した認知的枠組みは、先行研究によって看過されてきた、連続的な変容という過程をたどることが予想される。なぜなら、制度化した認知的枠組みは、制度化以前のものよりは耐久性や安定性を獲得しているはずであり、段階的な不連続的変容をすぐさま経験することは考えにくいからである。同時に、まったく変容しない堅固な存在ととらえることもできない。

　以上より、教師の行為を形作る認知的枠組みの制度化、そしてその変容、いずれをとらえるうえでも、その説明図式を教員文化モデルに求めることには限界がある。本研究が着目する受験請負指導は、ある時間・空間で構築されたのち、その文脈を離れ、他の時間（次世代の教師）・空間（同地区他校）へと広がり、広がった先のミクロレベルの個人の行為に影響を与える性質を持つものである。さらに、受験請負指導はその間に安定しているわけでも、段階的に不連続な変容を遂げるわけでもなく、連続的に変容していくことが予想される。

　本研究ではこのような性質をもつ認知的枠組みを分析するために、新制度派組織社会学を参照していきたい。新制度派組織社会学のアプローチを取ることによって、受験請負指導は制度概念から分析可能となる。さらに新制度派組織社会学が提供する脱制度化という分析枠組みを用いれば、組織内外の要因で生じる連続的な制度変容を包括的に理解していくこともできる。教員

文化モデルを用いる際の限界を、新制度派組織社会学の分析枠組みは克服できると同時に、教師の行為を理解する新たな説明図式を日本の教師研究に対して提示することができるだろう。本研究ではその新たな説明図式を「文化－認知的制度モデル」と呼んでいくことになる。

第 4 節 「文化－認知的制度モデル」と新制度派組織社会学

　新制度派組織社会学を援用することによって、教師の行為を形作る受験請負指導という認知的枠組みは、文化－認知的制度という概念から、そしてその確立は制度化、変容は脱制度化という枠組みでとらえることができるようになる。

　新制度派組織社会学（New Institutionalism in Sociology of Organization）は Meyer and Rowan（1977）に始まる学派である。Meyer and Rowan は官僚制組織が近代社会に普及した理由を探っていた。一方、1970 年代、組織研究はオープン・システム・パースペクティブへと転換し、コンティンジェンシー理論や組織間関係論が興隆するなか（井原　2008）、官僚制組織が生みだされた理由は次のように理解されていた。すなわち、市場経済や中央集権が発展をみせた近代は、技術的活動が複雑化する。それを最も効果的に統制できる方法が官僚制組織であるとの説明である（Meyer and Rowan 1977）。対して、Meyer and Rowan（1977）は、官僚制組織がもつ公式構造の合理性は当然視され神話のように信じられているから普及したという考え方を示した。公式構造が制度化した環境にある組織は、たとえ儀礼的であっても制度に適合することが不可欠となる。なぜなら、公式構造が最も合理的であると人々に信じられているなかでは、公式構造以外の構造は疑義の眼差しが向けられ、組織は正当性を調達で

きず存続の危機に陥るからである。

　Meyer and Rowan（1977）が示したこのパースペクティブは、その後、新制度派組織社会学と位置づけられ、次の二つの意味で従来の組織研究に新たな視点を提供した。まず、コンティンジェンシー理論に対しては技術的環境だけではなく制度的環境[15]へも関心を向けさせた（Scott 訳書, 2012, pp. xvi-xvii）。加えて、「ある社会関係のネットワークに組み込まれている人々は、必然的にその社会的文脈に特有の文化の枠組みというレンズを通して物事を見たり感じたりすることになる」（佐藤・山田　2004, p.197-199）現象をとらえ、その「レンズ」を制度概念に位置づけた。Scott（2014）は、新制度派組織社会学の概説において、制度を構成する柱を3つ提示している。このうち、上述したような特定の社会的文脈にいる人々が構築し共有する文化的で認知的な枠組みによる制度のことを、「文化－認知的（cultural-cognitive）制度」と呼んでいる[16]。この文化－認知的制度が広く複数の組織に影響を与えている現象に、Meyer and Rowanはスポットを当てたのであった。

　以上のような新制度派組織社会学は、まさに、複数の組織で影響力を持つ本事例の受験請負指導を、文化－認知的制度概念を用いて理解可能とし、それが時間的・空間的に広がっていく現象を制度化過程と位置づけ分析することを可能とする。つまり、受験請負指導は、教師が生徒の大学受験に対してどのように関与すべきかということに関する「レンズ」であり、教師たちの行為はこの「レンズ」を通して形作られるとみることができる。受験請負指導は新制度派組織社会学における文化－認知的制度と理解しうるのである。このことから、本研究が新たに提示する教師の行為に対する説明図式は、Scottの概念を援用し「文化－認知的制度モデル」と称することにする。

　さらに本研究にとってこの新制度派組織社会学が有用であるのは、制度の変容を前提とする脱制度化という枠組みを提供しているからでもある。新制度派組織社会学では、ある文化－認知的制度の確立と変容には、外部環境としての文化－認知的制度や規制的制度[17]、社会的義務という意味での規範的

制度という環境からも大きな影響を受けると想定する。この大枠が用いられ理解されているなかで、新しい制度に入れ替わる制度変化を扱うこととは別に、一度確立された制度が崩壊へと向かっていく様子をとらえるのが脱制度化という枠組みである。さらに、脱制度化の枠組みでは、変容過程を連続的にとらえる分析枠組みも提供している。

　それに加えて新制度派組織社会学を参照することは単一組織あるいは複数組織に影響を与える制度と個人・集団アクターの関係のレベル、いわゆるミクロレベルへの接近を可能とする利点もある。本研究が分析でとらえている制度は、空間的にいえば二つの組織への影響を確認できるだけであり、Meyer and Rowan の研究でイメージされるような国際的なレベルで影響を与える広範な制度とは異なる。したがって、分析対象とする認知的枠組みを制度と位置づけることには無理があるという批判があるかもしれない[18]。

　しかし、対象とする認知的枠組みが制度であるか否かを判断する基準は、その影響範囲によるのではなく、第2章で詳述する、制度化に必要な過程を経ているかどうかが重要である。Scott（2014, p.106）も示しているように、分析される制度のレベルは世界的なシステムレベルから社会的レベル、組織フィールドレベル、組織群レベル、そして単一の組織レベル、さらには組織のサブシステムレベルに及び、それぞれのレベルに制度が存在し得ることを先行研究のレビューから示している。

　しかも、1990年代以降の新制度派組織社会学の発展では、上述した脱制度化研究の進展をみただけではなく、複数のレベルのなかでもミクロレベルにおける制度研究が蓄積されてきており、制度に対して多様なふるまいをみせる個人レベルのアクターを理解可能とする分析枠組みまで提出されている。教師を対象とする本研究でも、「地方公立進学高校制度」の構築にかかわる教師、また制度変容に対して多様な反応をみせる教師が観察されている。1990年代以降の新制度派組織社会学の理論枠組みはそのようなアクターの存在を理解可能にしてくれるのである。

このように、本研究の分析課題に対し、いくつもの有用性を提供している新制度派組織社会学の分析枠組みを参照していくことで、高校教師の行為を理解する説明図式に、教員文化モデルの限界を克服する新たな説明図式として「文化−認知的制度モデル」を提示することができるだろう。

第 5 節 本研究の方法および調査概要

　高校教師の行為を形作る「地方公立進学高校制度」という文化−認知的制度の存在をとらえていくことが本研究の分析課題である。そのために、1990年までに遡り、A県X高校でどのようにして受験請負指導が確立し、継承され、またそれが他校へと普及し「地方公立進学高校制度」となっていくのかを分析する必要がある。さらに「地方公立進学高校制度」の変容とその帰結まで論じるには、確率から約25年間を経過した、2010年代前半までのX高校の様子もとらえなくてはならない。

　本節ではこれらの分析課題に取り組むための方法として、理論とデータの関係に関することと、具体的な調査手法に関することをそれぞれ説明していく。続いて本研究が事例とした、東北地方A県X高校とY高校の概要および調査の概要を説明することにしたい。X高校は1990年代から2010年代前半までが対象となり、「地方公立進学高校制度」の確立元として中心的事例となる。そしてその制度化過程にかかわり、2000年代のY高校も調査対象とした。本節では事例校の概要と、制度化とその後の変容という分析課題に関連する調査の概要を説明する。

1　理論とデータの中間点

　「リサーチ・トライアングル」という用語によって社会調査を説明するのは佐藤 (2015) である。理論とデータと方法という三者間の関係を指し、良質な社会調査を行うには、この三者のバランスが不可欠であると指摘する。理論とは、「明確な理論的根拠にもとづいて、リサーチ・クエスチョンが導かれ、またその答えが求められている」ことを指し、データとは「良質のデータが確実な実証的根拠として示されている」ことを指し、そして方法とは「的確な調査技法を用いてデータの収集がおこなわれ、適切な推論技法によってそれらのデータと理論やリサーチ・クエスチョンと仮説との対応関係が明らかにされている」ことを指す (以上、佐藤2015, p.27)。

　本研究でも、リサーチ・トライアングルが成立することを目指していきたい。その上で、理論とデータのバランス関係に関して、本研究の特徴をここで述べておく。次項で説明していくように、本研究は教師へのインタビュー調査によって得られたデータや学校史、生徒向け・教師向けの手引書などの文書データを参照する。数値による記述や統計的な分析によって結果の示すのではなく、教師たちの行為を形作る認知的枠組みを教師たちが使用する日常言語に近い言葉で記述し示すことになる。これは佐藤 (2015, p.117) が質的調査と定義する方法に合致する。

　本研究が質的調査を採用したのは、教師の行為の意味づけへの関心 (大谷・木下他2005, pp.223-224) や、「私たちの世界は社会的に構築されている」という解釈的アプローチの学派が共有する「信念」(Prasad　訳書, 2018, p.12) に賛同しているからである。しかし、質的調査の一般的な特徴と異なる点が本研究にはある。質的調査の一般的な流儀にしたがえば、質的調査は理論とデータの関係において、データに比重をおく。そしてデータからみえる多様性をつぶさにとらえ、先行研究で明かされていない未知の領域や現象に関するプロセスやメカニズムを解明し (大谷・木下他2005)、理論や仮説を生成する (箕浦1999) ことになる。しかし、本研究は、第2章で整理していくように、理論的検討の

段階で本研究の分析課題である認知的枠組みの制度化や脱制度化のメカニズムに対して、一定の仮説を提示することになる。したがって、理論とデータの関係においてはデータへの比重が減っており、どちらかといえば理論の比重が高く、量的調査で想起されるような仮説検証型の形を一見とっている[19]。

　一方で本研究は理論や仮説に完全に比重をおくわけではない。たしかに、制度化や脱制度化のメカニズム、そこにかかわるアクターに対して、理論的検討によってあらかじめ綿密な推論をしていくことになる。しかし、すべてを理論で説明尽くすわけではなく、質的調査で収集したデータがなければわからないことがある。例えばどのような認知的枠組みが教師の行為に存在するのかということや、制度化や脱制度化に寄与する具体的現象の内実などである。また、単なる理論の裏づけとしてデータを用いるのではなく、既存の理論の課題を自覚し、さらにデータの多様性を把握したうえで、理論とデータの往復によって既存理論を前進させることを本研究では明確な目標とする。

　以上をまとめれば、本研究は質的調査でありながら「理論とデータの中間点」に存在する研究と位置づけられる。このような位置づけを本研究が選択した理由は二つある。一つは、無論、質的調査においても理論は重要な存在だからである。Prasad（訳書, 2018, p.4）は、質的研究において「理論的基礎固めの不在、理論によって導かれる焦点の欠如、慎重で巧みに構成された方法論の展開の不在、自身のフィールドワークの基礎となる基礎的前提に対する無自覚は、お粗末でありふれた俗受けするような雑文に近い研究を生じさせてしまう可能性が高いだろう」と述べている[20]。二つ目は、本研究が援用する新制度派組織社会学の発展とかかわる理由である。第2章第3節で説明していくように、新制度派組織社会学はマクロレベルの制度がミクロレベルを決定しているという仮説から始まっている。そこではミクロレベルの多様性が捨象され、すべて制度との関連で解釈されてしまうという問題を抱えていた。そこで1990年以降になると、それまでのマクロな制度決定論に疑問を持った研究者がミクロレベルの多様性を個別の事例研究により明らかにしていった。

脱制度化研究が確立したのも、同様に、制度の耐久性や安定性が強調されていた初期の理論への反省があり、事例研究などを通じて初期の理論が修正されていった結果であった。本研究は、理論にも比重を置いているが、そう述べるとミクロレベルで観察される多様性を看過しているという印象があるかもしれない。しかし新制度派組織社会学は上述したようにとくに1990年以降、ミクロレベルの多様性を探求していった結果、多くの理論を新たに蓄積しており、本研究にとっては理論検討がミクロレベルの多様性の理解へとつながっている。先行研究が数多く積み重ねられている新制度派組織社会学を援用するからには、本研究もその蓄積を引き継ぐ必要があり（すなわち、綿密な理論検討をする必要があり）、さらに、理論に対する貢献を目標にすべき（理論の精緻化や修正をする必要がある）こととなる。よって、データの多様性を抽出することを目指す研究構成ではなく、理論を先立たせ理論に戻る研究構成を選択した。

2　調査手法

　ミクロレベルにおいて確立された認知的枠組みが、時間的・空間的に広がりをみせ制度化していく様子、そして変容していく様子をとらえる本研究は、その目的から、質的調査の手法を用いた事例研究という方法を選択した。そして、本分析課題から、①約25年間という長期的な時間軸に沿って分析する必要があり、さらに、「地方公立進学高校制度」の帰結までを分析するためには、②分析対象とする現象は現在進行形の相互行為場面ではなく、完了した過去の現象を扱い、そして③「地方公立進学高校制度」という、教師の行為の背後にあって「行動原理」となっている認知的枠組みを、構築主義的にとらえることが必要である。また、第2章で示すように、その認知的枠組みが制度化していく局面を、客観化、正当化、沈殿化という過程から読み解くために、④教師の口から直接語られることで認知的枠組をとらえるのみならず、それが埋め込まれている素材（例えば文書資料や、受験請負指導の継承の仕組み）からもつ

かむ必要がある。

　これら4点を満たす調査方法を、本研究では選択しなくてはならない。ま
ず、③に照らして適切であると考えられるのは、質問紙調査などの計量的な
分析ではなく、質的調査である。また、③のみが課題である場合、最も適切と
考えられるのがエスノグラフィーといったフィールドワークを用いた調査方
法である。とくにエスノグラフィーは、学校現場の固有性や個別性を浮き彫
りにするには効果的な方法である（古賀2001, p.47）。また、エスノグラフィーに
おける最も基本的な活動となる「参与観察」（志水2004, p.8）は、構築主義的アプ
ローチに立ち、教師の行為の背後にある認知的枠組みをとらえる。同様の関
心を持つ本研究にとって適切な方法かもしれない。しかし、1990年ごろに受
験請負指導が構築された場面から、帰結まで論じる本研究の場合、対象とな
る一連の現象は過去形になっている必要がある（②）。そして25年間という長
期間の動向が分析対象である（①）ことから、「参与観察」という調査方法は馴
染まない。

　そこで以上を考慮し、本研究では、1990年ごろから2010年代に事例校に勤
務していた教師にアクセスし、回顧的な半構造化インタビュー調査を実施す
ることにした。そして、本研究にかかわる調査を開始した2011年頃に、事例
校に現役で勤務していた教師に対しても、X高校に赴任してから現在までの
受験指導に関することを半構造化インタビューにより調査し、一部の教師に
対しては授業観察を実施した。本研究の分析課題に対してインタビュー調査
が持つメリットは、認知的枠組みが制度となっている様子が研究対象者自身
によって表明される点である。参与観察を通して、筆者が、教師の行為を一定
の制度化された認知的枠組みに制約を受けていると判断することも可能かも
しれないが、その妥当性には疑問が残るだろう。しかし、インタビューであれ
ば、教師自身が自身の行為の意味を特定の認知的枠組みから説明する有様や、
その認知的枠組みを自分の外部にある社会的現実として語る様子を直接観察
できる。語られるか語られないかの有無をみることで、認知的枠組みが制度

化しているかどうかの判断に用いることができる点が、本研究の分析課題にとってインタビュー調査が持つメリットといえる。同じく、受験請負指導の制度化をとらえるために、文書資料（『X高校百年史』、教師指導の手引、生徒学習の手引、「X高校同窓会誌」）を収集した。なぜなら、第2章第1節で詳述するように教師たちが持つ認知的枠組みが、文書の形をとって現れるかどうかが制度化にとって重要な局面となるからである。以上より、本研究ではフィールドで得られた教師の回顧的な語りを中心的なデータとし、さらにその制度化という局面においては文書資料などの文字データを合わせて分析する方法をとることにした。

3　本研究のフィールドワークにおけるポジショニング

　箕浦（2009）によれば、ポジショニングには研究者の認識論上のポジショニング、研究者と研究対象者の関係上のポジショニングがある。これらのポジショニングによって、研究者の社会的現実のとらえ方、研究対象者が研究者に対して開示する情報の内容が違ってくるため、ポジショニングの自覚が重要となる（箕浦2009）。ここでは、箕浦（2009）に依拠し、筆者のフィールドワークにおけるポジショニングを説明する。

　認識論上のポジショニングとして箕浦は「論理実証主義的アプローチ」、「解釈的アプローチ」、「批判的アプローチ」を提示しているが、本研究は「解釈的アプローチ」をメタ理論としている。本章注20の内容と重なるが、新制度派組織社会学は社会的構築主義のPeter L. BurgerとThomas Luckmannの系譜にあり、解釈的アプローチの1つに位置づく学派である。それぞれのアプローチの詳細は箕浦（2009, p.3）に詳しいが、論理実証主義的アプローチでは、観察可能な行動に着目し、客観的に「測る」ことを重視し、批判的アプローチは不平等な社会的構造や抑圧を暴き「変えていく」ことを重視するのに対し、解釈的アプローチでは「行動や状況に埋め込まれた意味」を「わかる」ことに力点をおく（以上、箕浦2009, p.3）。

解釈的アプローチをメタ理論として持つ筆者は、フィールドにおける研究対象者の語りに疑義を呈するのではなく、語る言葉の意味を問う質問を重ね、「わかる」ことを重視していった。また、調査当時、筆者は大学院生という身分でフィールドに入っており、「研究者」というよりは「学習者」としての関係上の位置取りを試みた。この関係上のポジショニングによって、研究対象者は行為の意味づけに関する筆者への情報開示に相対的に抵抗がない状態だったのではないかと推察する。ただし、とくに2011年の6月・10月のX高校調査では、筆者がインタビューをした教師たちはいずれも調査対象校の受験指導に比較的長期間携わっており、一部は管理的立場にある教師たちであった。つまりはX高校の受験指導に対して「権威」を持っている立場の教師たちと筆者が関係していたことになる。他方で「権威」を相対的に持ちえていない教師たちにとっては、筆者は「権威」側と近い存在と映り、情報を開示しにくかったことも予想される。当時のX高校における「弱者」の情報は十分に抽出できなかった点は本研究の限界としてここであらかじめ提示しておきたい[21]。

4　事例校の概要

本研究の中心的事例校は東北地方A県X高校である。X高校で1990年代に確立された受験請負指導が「地方公立進学高校制度」として制度化されそして脱制度化される過程を2010年代前半までを対象に分析することになる。

A県のX高校は所在県で大学進学実績上「トップ」と称される公立普通科全日制の高等学校である。X高校が1987年に発行した校史には、旧制中学校時代X高校生徒の進学先は「(県内旧制)高校に直結」し、「県内他校を圧倒していた」が、国立大学の急増とともに、X高校は「(県内国立)大学合格者数は校内では最多であっても、県一の座は他校に譲り、本校は、専ら東北各地区の伝統校とともに東北大学の合格を争うこととなる」と記されている。また、東京大学といった難関国立大学に一定数の合格者を輩出するのも県内で唯一X高校である。全国の「東大合格校」を分析した小林(2009)によれば、X高校は1950年〜2009年入試の

東大合格者累計数が県内1位となっており、2位の高校と大きな差がある。また、X高校の校歌には「国家の運命雄々しく負わん」という歌詞があるように、旧制一中以来、希少な社会エリートを輩出し、全体社会へ奉仕しようという理念が存在している。

　第2章の理論枠組みの検討で詳述することになるが、制度化過程を明らかにするには、他空間への普及を分析する必要がある。そこで1990年代にX高校で確立された受験請負指導が2000年代のY高校へ普及する過程を分析する。

　Y高校は全日制の公立高校であり普通科に加え理数科を併置する。Y高校は制度上男女共学であるが、慣例的に男子生徒しか入学せず実質男子校として存在している。Y高校はX高校と同じ学区内にあり、同地区では大学進学実績上「2番手」と称される高校であった。Y高校も旧制中学校の歴史を持つ伝統校である。Y高校もX高校と同様に大学進学実績において地域の評判を得ている。しかし、部活動が非常に盛んな学校として有名であるところはX高校と異なる特徴の一つである。それを象徴するように、Y高校校長室には運動部の優勝旗が何本も飾られている。インターハイ出場の部も数多くあり、一部の生徒はスポーツ推薦で大学進学をするほどである。

5　X高校調査の概要

　X高校の調査の概要を示す。X高校調査では1990年前後から2010年代前半までの状況を把握しうるデータを収集した。X高校に勤務経験のある現役・元教師へのインタビュー調査、および文書資料（『X高校百年史』、教師指導の手引[22]、生徒学習の手引、「X高校同窓会誌」）からデータを得た。インタビュー対象としたのは合計17名でA〜Qとしておく。教師A〜QのX高校での勤務年度を図4に示す。濃く塗った年度はそれぞれの勤務年度である。なお、教師A・B・Cは1989年度以前にX高校に転入している。すべての対象者に対し、1〜2時間程度の半構造化インタビューを実施した。

図4　インタビュー対象者のX高校勤務年度

	1989	1990	1991	1992	1993	1994	1995	1996	1997	1998	1999	2000	2001	2002	2003	2004	2005	2006	2007	2008	2009	2010	2011	2012	2013	2014
A																										
B																										
C																										
D																										
E																										
F																										
G																										
H																										
I																										
J																										
K																										
L																										
M																										
N																										
O																										
P																										
Q校長																										

　質問項目は主に以下の内容からなる。(1)赴任時点でX高校にはどのような受験指導が存在していたのか、(2)その受験指導をどのような過程を通じて学んだのか、(3)その受験指導に変更を加えることはあったのか、(4)赴任時点から調査時点まで(すでにX高校を離任した教師の場合は離任時点まで)生徒や教師集団、受験指導などに変化はあったのか、である。対象者には時系列で経験を語ってもらい、そのところどころで、筆者が上記の項目にかかわる質問を重ねていく形で基本的には進行した。

　教師A・Bには2014年10月に両名同席による合同インタビューを実施した。両名はインタビュー当時、教員生活をすでに終えていた。教師A・BはX高校に教諭として勤務する時期が数年重なっているが、このときに教師Aによって教師Bは進路指導主任を任されたという関係がある。教師A・Bから得られたインタビューデータは主に、1990年代のX高校で受験請負指導が確立された過程を分析するために用いる。教師A・Bのデータを用いることが妥当であると考えたのは、両名が確立過程に深くかかわっている人物であると判断したためである。

　ここで教師A・Bにたどり着いた経緯を説明しておく。筆者は初め、受験指導重点化施策でX高校が指定校となった時代のX高校を調査するためにX高校元教師へのインタビューを始めた。2014年調査当時のX高校の校長は当該施策が実施されていた時期に教諭としてX高校に勤務していた人物でもあったため、調査当時の校長にもインタビューを依頼した。その校長から、当時の状況をよく知る人物として紹介されたのが教師Aであり、さらに教師Aによって紹介を受けたのが教師Bであった。このような経緯から教師A・Bはその当時のX高校の受験請負指導の確立に深くかかわっていた人物であると判断した。こうした位置づけにある教師A・Bのデータを用いるために、受験請負指導の確立過程の分析（第4章）で示せることは、確立に必要となる段階が何かということである。逆にいえば、確立を阻んだ要因や確立に反対する教師との葛藤状況などはデータの制約上分析できない点は注意されたい[23]。

　教師Cへのインタビューは、2013年9月、2014年10月に実施した。教師Eは、教師Cに紹介を受ける形で、2014年10月に教師Cも交えた合同インタビューを実施した。両名とも、X高校をすでに離れて他校に勤務していた。教師JもX高校を離れ他校で勤務していた一人である。2016年9月に実施した。それ以外の教師は当時X高校に現役で勤務しており、2011年6月と10月にX高校を訪問し、インタビューを実施した。6月調査では教師F・I・K・N・Q、10月調査では教師D（退職後、再任用）・G・H・L・M・O・Pにインタビューを実施した。なお、教師Cのみ複数回、そして単独と合同インタビューをどちらも実施した。教師Cのインタビューデータを引用する場合は、インタビュー実施年月と単独か合同かの区別を記載する。インタビューデータや資料の引用部分はゴシック体で示していく。

6　Y高校の調査概要

　続いてY高校での調査について説明する。Y高校の調査目的は、X高校の受験請負指導がY高校へ普及しているのか否か、そして、普及しているとすれ

ば、誰がどのようにして普及させたのかを明らかにすることである。そこで、図4のC・Eにあたる、2名の教師の経験を中心に分析を進めていく。図4に示したとおり教師C・Eはともに1990年代にX高校に勤務したのち、Y高校に異動した。教師Cは教職経験が30年以上になるベテラン教師で、Y高校に異動して2014年調査当時で10年以上が経過していた。調査当時の直前までY高校では要職も務めていた。教師Eも同じくベテラン教師で2014年調査当時すでにY高校から離れ、別の高校に勤務していたが、Y高校には5年間勤務していた。教師Eが1年生から3年間学年主任を務めた学年に、教師Cは途中から加わる形で一緒に3学年を担当し、Y高校の歴史に残る進学実績をあげている。教師C・Eの経験を中心に分析を進めるのは、教師Eが学年主任を務めていた学年が「めざましい進学実績」を記録した年を「進学校化」のターニングポイントとして、教師Cが2014年度調査当時に挙げていたからである。教師Cが語った「進学校」の意味づけが参照されるところに、X高校の受験請負指導の普及をみることができるのではないか。このような見立てから、X高校の受験請負指導の普及を教師C・Eの経験から分析することにする。

　分析するデータは、教師C・Eに実施したインタビューデータを用いる。教師C・Eのデータのみで分析可能であると判断したのは、Y高校の場合、「学年主導」によって受験指導の方針が決定されるからである。つまり、受験指導改革はまずは同じ学年を担任する教師集団が単位になって生じていることが予想され、2名のデータ（途中1名の語りも加わるため正確には3名のデータ）であっても十分改革の全体像と普及過程が調査できると判断した[24]。再掲となるが、教師Cは、2013年9月（1時間程度）、2014年10月（2時間程度）にインタビューを実施した。教師Eは、教師Cに紹介を受ける形で、2014年10月に教師Cも交えたインタビューを1時間程度実施した（当該インタビューデータから教師Cの語りを引用する際には「合同」と記載する）。また、第5章ではこの教師2名が確立した受験指導と、Y高校が従来確立してきた受験指導や部活動を優先すべきというY高校の教師たちが従来抱いていた認知的枠組みが対立する場面に言及す

る。Y高校教師が従来持っていた認知的枠組みなどを明らかにするために用いたデータは、2013年9月・12月にY高校で実施した教師13名（教師Cも含む）のインタビューから得られた。Y高校の管理職、教務主任や学年主任など要職につく教師、Y高校に長期間勤務している教師、各教科主任を対象にインタビューを実施した。

第 6 節　本研究の構成と各章の概要

　本研究の目的は、教師の行為を形作る認知的枠組みが、時間・空間を越えて広く影響を与える制度として存在することができ、それが教師の行為に影響を与えていること、そして制度化された認知的枠組みは連続的な変容を前提とすべき存在であること、これらを含意する、「文化－認知的制度モデル」を、高校教師の行為研究に対して新たに提示することである。

　そのために、本研究が事例とするのは1990年代のA県X高校で受験請負指導が「地方公立進学高校制度」として制度化した様子、その後、連続的変容を遂げていった様子である。

　第1章は高校教師の行為を形作る認知的枠組みという分析対象が先行研究でどのようにとらえられてきたのか整理していく。まず日本の学校組織研究、教育社会学における教師研究の動向を整理し、教師の行為の説明図式が「外的要因規定モデル」から「教員文化モデル」へと転換していったことを述べる。その後、本研究の分析課題に取り組む上で教員文化モデルが持つ限界を指摘し、それを乗り越えるためには、新制度派組織社会学を援用しうることを述べる。

　次に、新制度派組織社会学が本研究の分析課題に適合的な枠組みを提供し

ている可能性を述べるため、組織論および学校組織論の動向を海外の研究を中心に整理し、新制度派組織社会学がどのような既存理論の課題を乗り越えてきたのかを確認する。ここでその概要を示せば、組織論、学校組織論では外部環境と組織の対応関係に曖昧性や不確実性を発見してきた。そこで、組織外部の技術的環境に対応していなくても、組織が存続できるのはなぜかという問いが生まれる。それを説明するために提示されたのが新制度派組織社会学である。すなわち、技術的環境ではなく、制度的環境という存在を明確に示しそれと組織の関係、さらには組織内部の個人との関係を示してきたのが新制度派組織社会学であった。この新制度派組織社会学を用いれば、高校教師の行為を形作る認知的枠組みは文化ー認知的制度という概念から、そしてその確立から変容までの過程は制度化と脱制度化という枠組みからとらえられることを述べていく。

第2章では、本研究の事例に援用する分析概念を検討する。とくに制度化と脱制度化という枠組みを詳細に検討していく。合わせて1990年代に発展をみせた新制度派組織社会学のミクロレベル分析の研究状況を確認し、制度化や脱制度化に関与するアクターを理解可能にする概念を確認する。

まず、制度化の枠組みを検討し導かれることは、制度化には客観化、正当化、沈殿化という過程があるということである。そして制度化過程に関与するアクターをとらえる概念として、支援的アクター概念を紹介する。また、沈殿化の過程に関与するアクターに対しては、新たに制度的移植者概念を提起する。それは先行研究が提出した概念ではなく、本研究の分析によって見出される新たなアクター像である。

脱制度化過程は、主に機能的圧力、政略的圧力、社会的圧力が加わることによって生じることを確認する。また、これまでの脱制度化研究では、制度変容を最小限に食い止めようとするアクターを見出し、それに対して守護者という概念を与えてきたことを紹介する。そして本研究においても、脱制度化過程に関与する教師を、守護者概念を援用して理解できる可能性を述べていく。

　以上の理論枠組みと分析概念を参照としながら、A県X高校において1990年代に確立した受験請負指導が「地方公立進学高校制度」として制度化した過程と脱制度化した過程を論じる。また、実践面に貢献しうる知見を導くために、変容後の「地方公立進学高校制度」が教師たちにどのような帰結をもたらしているのかを分析していくことを第2章ではあらためて確認する。

　本研究では第3章から分析編に入る。第3章では、X高校の受験請負指導が「地方公立進学高校制度」として制度化する背景となった制度的環境を論じる。具体的にはA県教育委員会による受験指導重点化施策が実施されることによって、X高校をはじめとした県内の公立進学高校が、生徒の大学受験に対し教師の責任を強調し、その「成果」を難関大学合格実績から判断することを当然視することこそが受験指導であり、それに取り組むことをルールとする制度的環境が現れたことを論じる。そのことを、受験指導重点化施策決定を牽引した教育長の論理を追うことで確かめていく。その論理とは、「学力」を「大学受験に必要な能力」と一元的にとらえる論理や、その論理が成り立つゆえに、学力向上の「成果」は大学進学実績という数値に反映されるという論理である。その論理のもとで「成果」をあげるための施策が、学校現場の教師の指導に重点をおくことで、その「成果」に対する責務を一義的に負うべきは教師であるというメッセージが、教師たちに明確に示されることになった。

　第4章では、1990年代のX高校における受験請負指導の確立を分析する。1990年代のX高校には、それ以前にもすでに様々な受験指導が存在していた。そのなかで、受験請負規範が伴う受験請負指導が確立され、さらに制度となっていった過程が1990年代のX高校に存在することを分析より明らかにしていく。A県の受験指導重点化施策によって、受験請負指導に学校現場が取り組むことをルールとする制度的環境が成立したのは背景要因として重要であった。だが、それ以上に、「地方公立進学高校制度」の制度化にとって重要であったのが、X高校の教師たち自らが受験請負指導の客観化、正当化、沈殿化を推し進めた過程である。客観化の過程は、生徒が難関大学に合格する

ということを結果とし、その原因として日々の指導を教師自ら位置づけて
いったことなどから観察することになる。この客観化過程に関与した教師の
存在は、第2章の理論検討で示すとおり、支援的アクターという概念から理解
可能であることも確認する。

　客観化されたX高校の1990年代の受験請負指導とは、「受験結果に対し教
師たちが一義的な責任を背負い、難関大学の合格者数の伸びを「成果」とみな
ければならない」という受験請負規範を持つ。それに加え、具体的な指導のあ
り方を方向づける以下 a)～e)の規範からなっていた。なお、これらの規範は、
のちに「地方公立進学高校制度」となったときには、それを構成する部分的な
制度として理解されていくことになる。その内容は、難関大学に生徒を合格
させるためには、 a)1コマの授業時間は65分でなければならないと認識さ
せる「65分授業制度」、b)英語、数学、国語、理科および社会という優先順位
で授業時間の配分や生徒の課題量が調整されなければならないと認識させる
「教科間の優先順位制度」、c)教師の力量を可視化し、競争することで力量は
向上するはずであると認識させる「競争制度」、d)一方で競争にとらわれ自
身の担当教科の成績を上げることだけに執着してはならず、全体のバランス
を考えられるように教師間で連携を図らなければならないと認識させる「連
携制度」、e)放課後は部活動や生徒の自学自習に優先的に時間を充てなけれ
ばならないと認識させる「放課後確保制度」である。

　客観化された受験請負指導が制度となるには、正当化という過程が必要で
ある。1990年代を通し、難関大学合格実績の向上という事実に支えられX高
校の受験請負指導は正当化されていく。こうして客観化し正当化された1990
年代のX高校の受験請負指導は、続く世代の教師たちに継承されていく。継
承という過程は、制度が定着し、沈殿化するために必要な過程である。

　第5章では、Y高校への普及過程を分析する。制度化に必要とされる沈殿化
は、継承だけではなく、他空間への普及過程もとらえなければならない。第5
章では、X高校で1990年代に確立された受験請負指導が、当時X高校に勤務

していた教師たちによって、Y高校へ普及していく過程を分析する。Y高校では2000年代に受験指導改革が起こった。それは1990年代にX高校に勤務していた教師たちが2000年代後半に担ったものである。この過程を分析することで、この教師たちが1990年代のX高校の受験請負指導に埋め込まれた経験から、Y高校の受験指導を確立するにあたりX高校の受験請負指導が参照枠となったことが明らかとなる。つまり、X高校の受験請負指導が普及した結果とみなすことになる。

　しかし、X高校の受験請負指導の普及は簡単に成し遂げられたわけでも、何の変更もなく劇的に旧制度と入れ替わる形で果たされたわけでもない。先に述べたようにY高校は部活動を重視する高校でもあり、また受験指導にかかわる旧制度と呼ぶべき教師たちの認知的枠組みも存在する。この教師たちはX高校から異動後、Y高校の旧制度を早急に変えたのではなく、一度旧制度に埋め込まれることによって、その旧制度に影響を受けながら徐々にX高校の受験請負指導を普及させていた。また、結果的に確立されたY高校の受験指導は一部、Y高校の状況に影響を受け、変更された部分もある。本研究ではこのように制度を普及させるアクターに対し、制度的移植者概念を新たに提起してとらえることになる。以上の分析によって、1990年代のX高校の受験請負指導がY高校へ普及し、「地方公立進学高校制度」として沈殿化していったことをとらえる。そして、制度の普及が学校組織において可能となる場合には、制度的移植者という概念でとらえられるアクターの存在が不可欠であることも知見として提出できるだろう。

　第6章ではX高校の受験請負指導が「地方公立進学高校制度」として制度化されたのち、どのような道をたどっていくのかを分析していく。「地方公立進学高校制度」の変容過程に関する分析である。「地方公立進学高校制度」は決して安定的に持続していたわけではなかった。確立元であるX高校の教師からは、2000年代後半以降、徐々に「地方公立進学高校制度」が変容していると語られていく。第4章の概要で説明した制度のうち、d) 連携制度と、 e) 放課

後確保制度が脱制度化圧力にさらされ消失していくことになる。とくに d)連携制度が消失することにより、それまで生徒の成績を向上させるために教師間の連携を前提としていた「地方公立進学高校制度」から、担当クラスの成績をめぐって、教師間の競争が熾烈化する「地方公立進学高校制度」へと形を変えていく。生徒の成績に対する教師個人の責任という観点からみて、連携制度が個人の責任を曖昧化するのに対し、競争制度は個人の責任を明確化する。その競争が主軸となる「地方公立進学高校制度」へと形を変えた結果、2010年代、目標とされる難関国立大学の合格者数が伸び悩むという現実に直面し、教師たちは自ら背負ってきた責任を放棄することができず過剰な責任感に苛まれていく。

　さらに、それに追い打ちをかける状況も存在していた。2010年代後半以降のA県教育委員会の施策である。A県では2018年度より、X高校を含む公立進学高校数校に探究科を設置する。それを決定する過程で、受験請負指導が持つ受験請負規範が批判されると同時に、受験請負指導が目指していた「成果」とは異なる「成果」を探究学習によって求めることも明示されている。そのうえ、探求学習が求める「成果」は曖昧である。こうした新たな施策は、合格実績が伸び悩むことで達成感を得られにくくなった教師たちの自信さえも失わせることになりかねない。

　ここまでは、X高校における「地方公立進学高校制度」の変容とその帰結を論じる部分として位置づけられる。この知見に加え、X高校で観察された「地方公立進学高校制度」の帰結が一般化可能な知見であるのかを考察することも試みた。それは第6章の第3節で検討している。そのなかで、注目しているのは「地方公立進学高校制度」が競争制度を残す形で変容するという知見である。それがX高校組織の独特の状況から生じた偶発的変容ではなく、「地方公立進学高校制度」そのものが内包する要因によって生じた必然的変容なのではないか、という観点から考察していく。このことを通し、X高校の教師たちにもたらされた帰結が、「地方公立進学高校制度」に埋め込まれた高校組織

や教師たちにも適用されうる可能性を指摘する。

　終章では本研究の分析で得られた知見を整理し、「文化－認知的制度モデル」という、高校教師の行為を理解する新たな説明図式を提供できたことをあらためて主張する。また、当該モデルの今後の発展を目指し、現時点での限界と課題を整理する。最後に、今後の「地方公立進学高校制度」の行方を、「地方における残存」と「都市への普及」から考察し、本研究を締めくくりたい。

1 1987年3月全日制の高校卒業者 (1,654,685人) に占める、大学・短期大学の通信教育部への進学者を除く進学者 (512,297人) の割合。

2 1987年3月高校卒業者における、大学 (学部)・短大 (本科) への入学志願者数 (779,323人)。

3 1987年3月高校卒業者における大学・短期大学の通信教育部への進学者を除く進学者 (512,297人)。

4 ここで1987年3月のデータを用いたのは、後述する、東北地方の受験指導重点化施策が1987年4月からの準備段階を経て1988年度から実施されたためである。その影響がまだ観察されないと思われる1987年3月時点のデータをここでは参照した。

5 1999年3月全日制の高校卒業者 (1,362,682人) 占める、大学・短期大学の通信教育部への進学者を除く進学者 (601,396人) の割合。

6 1999年3月高校卒業者における、大学 (学部)・短大 (本科) への入学志願者数 (756,149人)。

7 1999年3月高校卒業者における大学・短期大学の通信教育部への進学者を除く進学者 (601,396人)。

8 文部科学省『学校基本調査』より算出。1987年度と1999年度の各都道府県高等学校数 (本校＋分校) に対する各都道府県の公立高校数の割合を算出。

9 すべてが「錯覚」であったわけではないだろう。もちろん学校現場による指導が現役進学率の上昇に及ぼした効果もあると考えられる。後述するようにとりわけ東北地方では指導を質的に転換させることが教育委員会の要請によって求められた。しかし、1990年代は1980年代までと比べ、同じ熱量の指導であっても、現役合格しやすかったという意味でやはり教師たちの指導の効果が過大に見積もられやすい状況があったと考えられる。

10 施策の名称は各県の教育委員会で様々であるが、その趣旨は大学進学へ向けた指導の重点化であるため、本研究では「受験指導重点化施策」と呼んでいくことにする。

11 上山 (2013) の分類では、埼玉、千葉、東京、神奈川、愛知、京都、大阪、兵庫、奈良を三大都市圏としている。

12 上山 (2013) の大学進学率の算出方法は、注1、注5で示した算出方法と異なるため、数値が低くでている。

13 ここでは受験請負指導への転換が現役進学率上昇に寄与したという因果関係を否定しているわけではない。実際には、厳密な分析を経なければ特定できない因果関係である。本研究が注目したいのは、因果関係が厳密に特定できていないにもかかわらず、教師たちは因果関係があるかのように認識しやすい状況に直面したということである。

14 A県教育委員会・A県高等学校長協会が1999年に発行した『A県高等学校五十年誌』に掲載された、X高校校長・県高等学校長会長も務めた者の回想録 (pp.16-17) より確認できる。

15 この制度とは後述する新制度派組織社会学がとくに注目する文化－認知的制度に限らない。法律や規則などの規制的制度や、社会的義務などの規範的制度 (Scott 2014) も含む。

16 残りは法律や規則といった規制的制度、社会的義務や善悪にかかわる価値観などの規範的制度である。

17 本研究の事例で考えれば例えば学習指導要領や、教育委員会の施策で示されるルール、学校関係の法令を指す。

18 たしかに日本の学校組織研究において、新制度派組織社会学に対する理解は、Meyer and Rowan (1977) の研究で止まってしまっている感がある。彼らの研究は、1980年代以降に日本の学校組織観にも大きな影

響を与えたことがあった。例えば教育社会学の主要な概説書、竹内 (1995)、耳塚 (1992)、岩井 (2010)、藤村 (2018) が Meyer and Rowan (1977) の知見を紹介している。しかし、実証的分析の枠組みとして用いられることはほとんどなかった。その理由には、第1章で示していくとおり高校組織を分析する際にはイギリス教育社会学における学校組織の枠組みが日本では影響力を持ったからである。したがって、これから述べるように1990年代以降のミクロレベルにおける新制度派組織社会学の発展に関しては、日本の学校組織研究では十分にフォローされてきたといえない。

19 ここで「一見」と表現したのは次の理由からである。この話は研究の「裏話」と呼ぶべきことである。本研究では「制度の変容」という現象をとらえていくことになるが、本研究の初期段階に筆者が抱いていた仮説では、「制度は維持されるもの」であった。学習指導要領の改訂や大学入試改革などの外部環境の圧力によって変容する可能性は否定していなかったが、いずれにしても「制度は安定している」という仮説を持っていた。しかし、データはその仮説に反しており、むしろ制度は変容を前提とすべき存在であり、変容は連続的に生じるという見方をしたほうが、適切にデータを分析できることに筆者は途中から気づいた。そこで、再び理論検討をした結果、「脱制度化」という分析概念にたどり着いたという経緯がある。本書の構成では予め周到に理論検討をし、分析では理論に適合的な結果を示すことが多くなっていると思われるが、それは理論とデータの「往復」を重ねたからであり、「当初仮説を立てていたシナリオにそって、テキストからおいしいところだけをつまみ食いして引用し、臨場感あふれる文章にしてお茶を濁」(上野2018, p.150) すようなことにならないよう、慎重に臨んだつもりである。

20 Prasad (訳書, 2018) では、実証主義的な質的研究を超えて卓越した質的研究になるには知的に刺激的な「技」の伝統が重要であると指摘する。その伝統が、ポスト実証主義と Prasad (訳書, 2018) が位置づける、(1) 解釈的、(2) 構造主義的、(3) 批判的、(4)「ポスト」的伝統である。本研究は (1) 解釈的伝統を共有する新制度派組織社会学理論を指針とした質的研究と位置づけたい。

21 本研究のストーリーに回収できなかった「断片的」な情報も存在する。たとえば、X高校の女性教師から語られた話で、X高校に来て「女性」の教師として生徒へのケアの役割を意識するようになったということがある。また、別の教師は、「精神的に弱い生徒」が増えてきて、「被服室受験」(通常教室では受験できない生徒のために特別に受験室を設けているという意味の言葉;引用者注) が増えてきたと語っていた。これらの情報は、本研究のストーリーに組み込みきれなかったデータであり、教師たち自身もX高校の受験指導と関連づけた説明を構築していないものであった。本研究では受験指導と関連づけられた認識のみを取り上げているが、現実には受験指導と関連づけられてはいない (もしかすれば今後関連づけられて語られる可能性のある)、無数の教師たちの認識が存在することをここに確認しておきたい。また、なぜ関連づけられて語られないのかという点は、今後検討に値する。受験指導と因果関係の体系のなかで関連づけて語ることに成功した認識のみが、制度化していくということなのかもしれない。

22 この資料は学校内部資料であるため、調査校校長に本書への使用に関して承諾をいただくとともに、生徒に関する成績情報などの引用は行わないことを誓約している。

23 当時の確立過程への同僚教師からの疑義や葛藤を分析できていない点は、本研究の限界である。分析できなかったのは、研究対象者へのアクセスの仕方と関係している。1990年代にX高校に勤務していた教師を教員名簿などからランダムに選択し、調査を依頼したのではなく、確立にかかわりがあった教師の人脈をたどる形で研究対象者を選択したためである。

24 教師C・Eの所属学年で起こった受験指導改革が、Y高校の他学年にまで広がらなければ、X高校の受験指導がY高校へ普及したとまではいえないという批判があるかもしれない。しかし、第2章第3節で説明していくように、普及を担う教師たちを「制度的起業家」の側面を有するアクターと定義していく本研究では、Battilana et. al (2009) の「制度的起業家」の定義において、資源を動かし変化を試みたかどうかが制度的起業家であるかどうかの判断ポイントとなるという指摘を鑑み、教師C・Eの試みから「制度は普及した」といえるのではないかと考えた。

I
理論編

第1章
高校教師の行為を形作る認知的枠組み概念の検討

本研究は、1990年代の地方公立進学高校の受験請負指導に焦点を当てる。それは、生徒の大学受験に対して教師がいかに関与すべきかを方向づける「レンズ」であり、すなわち教師の行為を形作る認知的枠組みである。そのような認知的枠組みを先行研究ではどのような概念から分析してきたのだろうか。本章でははじめに、日本における学校組織研究と、教育社会学における教師研究の動向を振り返り、現在多くの研究者が参照している「教員文化モデル」の課題を整理していきたい。そして、その課題を克服し、新たな説明モデルを提供可能とするのが新制度派組織社会学の枠組みであることを示していく。そのために、海外を中心とした組織論および学校組織論の動向を整理し、新制度派組織社会学がどのような課題を克服するなかで発展してきたのかを確認する。次章においては新制度派組織社会学が提供する具体的な分析概念の有用性を確認していく。

第 1 節 日本の学校組織研究

　本節では日本の学校組織研究の動向をまとめていく。日本の学校組織研究
においては、学校組織を組織する行為者として教師をとらえ、その行為を形
作る認知的枠組みを分析対象とする視座を持つ。とくに1980年頃に教育社会
学を中心に発展をみせた高校組織研究で提出された概念は、教師の行為に影
響を与える認知的枠組みを分析しようとするものであった。その概念が提起
されるまでの学校組織研究の動向をここでは整理していくことにしたい。

1　教育経営学における解釈的アプローチへの接近

　初めに日本において学校組織を明確な研究対象としていたのは教育経営学
であった。戦後日本の教育経営学は合理化と民主化を目指す学校改善モデル
の提示が急務であった。その際、教育経営学が仮定していたのは、住岡（2000）
によれば「目的発生（ママ；引用者注）のための効果的手段の選択を可能と考え
る合理性の仮定」（住岡2000, p.72）であり、それに立脚し経営過程の分析がな
されていた。

　しかし日本の教育経営学では、本章第3節で説明するWeickの緩やかな連
結組織モデルに影響を受け、徐々に合理性の仮定へ懐疑的な声があがってい
く。組織の曖昧性、不確実性を認める視座が生まれ、組織メンバーの認識レベ
ルへと関心が注がれていった。その立場を教育経営学では主観主義的認識論
と呼ぶ。河野（2000）は、この主観主義的認識論を受け、学校組織が「その構成
員によって主観的に、あるいは意味的に構成された価値の世界と見なされる
ならば、学校組織（経営）論は価値分析ないし価値葛藤の処理を第一義的に取
り扱わざるを得ないであろう」（河野2000, p.181）とし、「学校の組織現象を解明
していくためには、組織構成員が組織にどのような意味を付与したのかその
意味付与過程や解釈過程を行為者の立場から内的に理解していく学問的態度

も求められよう」(河野2000, p.182)と指摘する。

　勝野 (2012) も「システム論的組織観」の限界を指摘する。「システム論的組織観」とは、「組織とは環境に由来する目標、目標に対応する組織構造、構造的に規定された役割セット、役割への個人の統合、組織的目標・規範・行動から個人の逸脱の矯正という要素から成り立つもの」(勝野2012, p.178)と説明する。しかし、この組織観にもとづいてしまえば個人の組織への統合が正常であり、個人と組織の葛藤は解消されるべき病理とみなされてしまう。勝野はこのような限界を指摘し、「組織に係わる諸個人の経験、ものの見方、解釈に根ざした学校の記述と理解の必要性」(勝野2012, p.178)を提起している。

　このような教育経営学の動向は、近年教育社会学の知見と結びつくようになっている。教育経営学において「学校現場における当事者の解釈や相互行為に照射し、学校組織を動態的に理解することの必要性」(鈴木2015, p.65)が喚起されている現状から鈴木 (2015) は、日本教育経営学会が発行する『教育経営学会紀要』にて、教育社会学で発展した解釈的アプローチの知見を紹介するに至っている。そして、ある公立中学校の教職員会議を事例とし、教師間の相互作用場面で構築される解釈コードを分析している。

2　教育社会学の動向

　一方、教育社会学における学校組織論は、もともと教育経営学における組織論の発展を補助する形で登場した。「教育組織体の性格──その構造と問題」と題した論文が、1960年発行の『教育社会学研究』誌に掲載されたが、その当時は、教育社会学における組織論の発展は十分とはいえないとの認識があった。「行政管理的、経営学的、社会学的組織論などが必ずしも十分な分化の識別のなされないままに、急速に教育組織論の内実を埋めようとして持ち込まれている現実である」(高野・編集部1960, p.3)との指摘がある。この論文では、教育経営の合理化・民主化へ向けて教育社会学と教育経営学が協力関係を結ぶ必要性が唱えられている。

ようやく教育社会学に固有の組織論的アプローチが登場したのは、1980年代に盛んとなった高校教育研究の文脈においてである。質・量ともに充実したものとなった1970年代後半から1980年代の高校教育研究は、(1) 学校と選抜、(2) 生徒文化、(3) 学校組織、(4) カリキュラムの4つの領域にわたって展開されていく（武内・苅谷・浜名1982, 耳塚1993）。この時期の高校教育研究には共通点があった。それは、激しい受験競争が繰り広げられるなかで出現した高校階層構造に対して大きな関心が寄せられていたことである。1980年代の高校教育研究が、「学校階層構造（いわゆる学校格差構造）の観点から、高等学校の社会的機能が論じられることが専らであった」（耳塚1982,p.42）と耳塚が述べているように、選抜、生徒文化、学校組織、カリキュラムなどの諸領域は、いずれも高校階層構造がもたらす影響を探索する領域として、研究者たちがそれぞれに注目したものであった。そうして、「わが国の高校格差は、トラッキング・システムとして、生徒たちの進路選択の機会と範囲を制約する構造をもっている」（耳塚1982,p.120）ことを実証的に明らかにする研究が積み重ねられた。

　トラッキング・システムとしての高校階層構造の実態が明らかになるにつれて、次に研究者たちが関心をいだいたのは学校内部過程であった。トラッキング研究を牽引した耳塚は「いま一つこの時期に発展したのは、学校内の組織的分化のメカニズム」（耳塚1982,p.121）であったと指摘する。また、飯田（2007）による「高等学校の格差」についてのレビュー論文でも、トラッキング研究が学校内の社会過程へ、生徒の内面へと焦点を移していったことが回顧されている。つまり、この時期教育社会学で発展した高校組織研究は、高校階層構造がもたらす影響を解明するという至上命題のもと、概してトラッキング・システムの「内部過程」という位置づけを与えられた研究対象であった。

　そこで高校組織を理解するために頻繁に引用された理論枠組みが、イギリスの教育社会学者、R, Kingの枠組みと、それを日本の文脈に合わせて改良を加えた苅谷（1981）のモデルである。

　Kingはイギリスの中等教育学校の能力別クラス編成と生徒の学校への関与（Involvement）の関係を扱っており、日本の高校階層構造と生徒文化の分化という現象へ応用可能な枠組みを提供していた。そのため、組織内過程を紐解く枠組みとして生徒文化研究者は繰り返し用いるようになった（田中他1976、耳塚1980, 1982、苅谷1981など）。King（1971）は、組織を活動変数（activity variable）、構造変数（structural variables）、文脈変数（contextual variable）の三つに分類し[1]、生徒の学校への関与（Involvement）を説明した。

　Kingは本章の第3節で整理していくような構造主義的組織観と距離をとっている。King（1983）によれば、King自身はWeberの社会的行為論、そしてWeberの影響を受けたCollinsに連なる立場であることを示し、環境と組織、組織内部が一対一の対応関係にあることを想定する構造主義的組織観に対し批判的な見方をする。そして学校組織を、パターン化されたメンバーの社会的関係から成る社会的構造物とみなし（King 1983, p.13）、メンバーの社会的関係があってはじめて学校という組織が立ち上がると説明する。Kingは同時期に発表されたWeickらの緩やかな連結組織に言及はしていないが、偶然にも非常に似た組織観を有している。組織と環境が一対一の対応関係になっていないことを実証的研究から明らかにし、Weickと同様に組織の不確実性をとらえるために、行為者の意味レベルに接近する重要性を訴えている。

　このような特徴があるために、Kingの枠組みが日本で受容された際にも、教師という学校の組織化を担う行為者の意味づけが重要視されていくことになった。とくに苅谷（1981）は、そのようなKingの枠組みの意義をよく理解し、教師による組織化過程における認知的側面に一層踏み込んだ理論展開を試みている。苅谷はKingの枠組みが「学校組織のダイナミズムを捨象した静態的なものであることは否めない」（苅谷1981, p.66）と批判し、動態的に把握するために、社会的文脈によるobjectiveな契機による拘束と、教師による主観的な組織化というsubjectiveな契機が相互媒介するというモデルを置いている。objectiveな契機として設定しているのが学校階層構造と制度的統制（ここでは、

学習指導要領、学校管理規則、学校設置基準という規則、それによって統制される人的・物的資源という意味での「制度」である）である。subjective な契機とは、教師が組織の形成・変容にかかわる意思決定の際に、教師の主観的な「状況の定義」と、その状況を解決するための一連の思考と行動様式としての「教師の集団パースペクティブ」という準拠枠にもとづくことを指している。苅谷は、学校階層構造という objective な契機が、階層構造によって分極化した生徒文化を介して、教師が定義する状況を統制し、その状況の定義にもとづいて、教師による教育活動の組織化が行われるというモデルを提示した。その後、苅谷モデルは、教育社会学における学校組織研究で、教師の行為を説明する枠組みとして頻繁に参照されることになる（例えば酒井 1988, 中西 1998, 田中 1999, 風間 2007、大多和 2014）。

　以上をまとめると、教育社会学において近年に至るまで日本の学校組織研究で参照され続ける理論枠組みは、1980 年頃に充実をみせた高校教育研究のなかで生みだされたものだった。高校階層構造が厳然たる存在となり、トラッキング・システムとしての高校組織の様相が実証されていくなかで、そのシステムが実際に生徒をどのように経路づけるのか、つまり学校組織内部過程へと次第に関心が注がれるようになった。そのことを背景に見出された学校組織の理論枠組みが苅谷（1981）であった。そのモデルは、学校組織と外部環境の規制的制度や構造的要因との直線的な対応関係を前提とするのではなく、その媒介項として教師集団の認知的枠組みの重要性を組み込んでいた。

第 2 節 日本の教育社会学における教師研究

　高校組織研究の文脈とは別に、教育社会学の教師研究においても教師の認知的枠組みは彼らの行為を形成する重要な要因ととらえられてきた。なかでも1980年代以降に登場した「解釈的アプローチ」に影響を受けた教師の教育行為研究は、教師の教育行為の背後にあり、それを形作る認知的枠組みに、コードや解釈枠組み、判断枠、言説、教員文化などの多様な概念を与えてきた。そうすることで認知的枠組みを分析することこそ教育行為の理解の要となることを繰り返し訴えてきた。また、その成果が、現在、教育経営学にも影響を及ぼしつつあるということである。

　本節でははじめに教師研究の発展を振り返り、教師の行為を理解する図式が「外的要因規定モデル」から、「教員文化モデル」へと変遷していったことを説明する。そして現在有力視されている教員文化モデルが、本研究の分析対象となる、制度化する認知的枠組みをとらえるには課題があることを述べていきたい。その際には、日本の学校組織研究のなかで提示されてきた概念（「教師の集団パースペクティブ」）の課題についても合わせて言及する。

1　外的要因規定モデル

　教育社会学において教師のふるまいを理解しようとした初期の研究は、教師の意識構造へと関心を向けていた。1970年ごろまでの教師研究の動向を丹念に整理した伊藤 (1973) によれば、教育的価値観に関するもの、教師の階級的意識に関するもの、民主主義的価値態度に関するものなど、多種多様な意識への着目がなされている。すでにこの頃から、教師の内的世界に迫ろうとする視座が養われていたともいえるが、1960年代の初期の研究においては、それを説明する要因は経営学的なフォーマルな側面や、外在的な尺度で客観的に把握しうる要因であり、それらが教師の意識や（行為というよりは）行動を

外側から規定するとの説明が中心となっていた。例えばミクロレベルの要因に教師の個人的要因（属性や学歴、職位、所属教科など）そしてミドルレベルに職場環境（年齢構成、性別構成など）、学校組織のフォーマルな構造（教育目標や規則など）、物理的制約など、そしてマクロ要因に地域社会、日本社会の意識や体制、法制度などを設定する研究が多数みられた（これらの図式に当てはまるのは、稲垣忠彦（1958）、教師集団研究会（1962）、二関・日比・河野（1960）、宇野（1961）、教員の専門職化への意識に焦点化した天野正子（1969）、伊藤敬（1971）、大坪（1973）など）。これらの特徴を踏まえると、1950年代後半から60年代の教師のふるまいを理解する説明図式は「外的要因規定モデル」と整理することができるだろう。ここで「ふるまい」と表記したのは、外的要因規定モデルにおいては、主観的な選択性を含意する「行為」概念を分析上明確にすえていなかったからである。

　このように1960年代は、多種多様な教師の意識に研究者それぞれが注目し研究が蓄積されていたが、1970年代には役割葛藤という教師の意識構造の解明へと焦点が絞られていく（陣内1986、杉尾1988）。一方で、役割葛藤という意識構造を説明する図式も、基本的には外的要因規定モデルが適用されていることに変化はなかった。とくに焦点づけられていったのが、官僚制的役割と専門職的役割の葛藤である。このような役割葛藤が注目された背景には1966年にだされたILO・ユネスコの「教員の地位に関する勧告」がある。それを受け、教職の専門職性に強い関心が寄せられた（新堀1973）。しかし、一方で教師は、「大きな教育的官僚制の末端に位置する教育公務員」（新堀1973）とみなされる存在であることに注目が集まる。つまり「特に公立学校の教師は、公務員であって、地方自治体の教育行政の支配を受ける。彼らは具体的には教委によって統制され、さらには国家の教育関係法規によってその教育を規制されている」（新堀1973, p.11）という見方である。教師の専門職化を阻む要因として、法的規制から拘束される教師像が明示された。また、後述するように、役割概念は1970年代を通して批判されていくことになるが、その理由の一つに、「役割は、具体的な行為場面における行為主体の行為の意味や動機を捨象し

た研究者の説明概念である」（杉尾1988, p.32）ということがあった。つまり、役割概念を用いる説明でも、教師のふるまいは未だ社会学が対象とする行為概念から明確に理解しようとする姿勢に欠け、法規則による拘束や、研究者が設定する概念を外側から当てはめ理解しようとする外的要因規定モデルが暗黙のうちに用いられていたといえよう[2]。

2　教員文化モデルへの転換

　教師のふるまいを理解する説明図式に大きな変化が訪れたのは1980年代である。それは教育社会学において現れた、行為概念を用いて教師のふるまいを理解しようという動きである。1970年代半ばから1980年代を中心に、教育社会学においては「教師の教育行為」という分析対象が明確に設定されるようになった（耳塚・油布・酒井1988）。

　教師のふるまいをとらえる概念に行為概念を用いることは、社会学的な教師研究の樹立を決意することと同義であった。陣内（1986）は、それ以前の日本の教育社会学における教師研究が「教師とはこうあるべきである」ということを説く、「啓蒙的教説」としての教師論への批判が先行してしまったために、教師の営みを理解する基礎理論が先行せず、「社会学的問題意識を徹底し得なかった」と述べている（陣内1986, p.51）。そして、社会学的研究の萌芽を教師の教育行為研究に見出し、それは「社会学でいう社会的行為に他ならない」（陣内1986, p.52）と位置づける。

　社会学における社会的行為（social action）とは、辞書的に説明すれば選択性を介した動作や活動であり、選択性を介しない動作としての行動（behavior）と区別される（大澤2012, p.384）。そこで重要となるのは、行為における主観的な意味や解釈である（Scott, J 2014, p.5）。

　教師の教育行為へ関心が注がれた背景には、まず、1980年代に入り、エスノメソドロジーや現象学、象徴的相互作用論に立脚した「新しい」教育社会学の影響を受けた解釈的アプローチが日本の教育社会学を席巻したことと関係

している（耳塚・油布・酒井1988）。教師の教育行為を形作る認知的枠組み（行為の意味や解釈のシステム）を理解しようという姿勢は、役割概念という既存の枠組みへの批判と結びつき[3]、教師の教育行為への関心は喚起された。役割概念の限界をまとめた陣内（1986）は、教師研究が目指すべき先に、教師の教育行為を説明するための理論構築があることを明言している。陣内（1986）は、教師の教育行為を、学校が直面している社会的、制度的文脈に影響されるとしたうえで（後述する三つ目のアプローチをとっている）、それらの文脈とは別に教師の独自で意識的な表現行為としての教育行為の可能性に言及している。

　また、80年代後半以降、激化する受験競争や校内暴力、不登校、いじめなどのいわゆる「教育病理」が噴出したことも、研究者の関心を教師の教育行為研究へと導くことに寄与した。「教育病理」の噴出によって、学校の正当性は大きく揺らいでいた。それにつれて教師の教育実践の限界が露呈した。その結果、教師が実際何を行っているのかを正確に理解しようという動きが生じた（古賀2001, p.15）。

　これらのことを背景に、1980年代以降の教師の教育行為研究はいわゆる「教師の教育行為そのものを解明する」ことを目指した。すなわち、本節の先行研究の整理にもとづけば外的要因規定モデルからの脱却が明確に目指された。そして教師間、教師－生徒間などのミクロレベルの相互作用場面を起点として社会構築主義的に教師の教育行為を説明しようとする新しい見方が、1980年代以降の研究を質的に大きく転換させていった（越智・紅林2010）。

　1980年代以降の教師の教育行為研究を詳しくみていくと、そこには三つの立場があった。まず、教師の教育行為に対する二つのアプローチは、酒井・島原（1991）によって整理されている。教師の教育行為研究は、教師が自らのふるまいを決定する際に何らかの解釈枠組みを参照することに注目する。それは本研究が認知的枠組みと呼ぶものである[4]。この解釈枠組みに対して、酒井・島原（1991）は先行研究が二つの立場をとってきたと指摘する。

　一つは、個人の自律性や主体性を強調し、相互作用を通じて、個人は自らの

個人的な判断基準を作り上げ、それを解釈枠組みとするという立場である（酒井・島原1991）。具体的にはストラテジー概念を用いた研究がそれにあたる。イギリスの教育社会学者P.Woodsは、「自己の目的遂行のために用いられ反復される特殊な行為の型をStrategy（Coping Strategy　対処戦略）と定義」（耳塚・油布・酒井1988, p.106）する。同様に古賀（2001）も、Woodsのストラテジー研究は、教師個人のふるまいを、動機や意図に着目して、教師個人の心理的な動機から解明しようとする研究であったと説明する。このような志向性を持ったストラテジー研究がこの時期数多く蓄積されていった。例えば清水（1998）の分析枠組みはわかりやすい。清水（1998）は、Denscombeのストラテジー研究を引用し、「教室での教師の行為は、「教室のコントロール」「サバイバル」「理想の教育の実現」といった目的を同時に達成することがねらわれたもの」と、教師の教育行為を個人的な目的に連なるものと位置づける。そして、清水が対象とする事例から、「理想の教育の実現」というペダゴジカルな目的を達成するために、教師が《同質な者》《任せる者》《躾ける者》《調整者》《伝達者》という5つのふるまい方を表出させていると分析した。

　もう一つは、教師の教育行為は教師集団のなかに間主観的に存在する解釈枠組みに形作られているという立場である。この立場として、酒井・島原（1991）が紹介するのはBerger and Luckmannに代表される知識社会学である。集団内の相互作用の過程で構成された社会的現実のなかで自明視された解釈枠組みを個人が参照すると考える立場である。本研究が援用する新制度派組織社会学も知識社会学の流れを汲んでいる。本研究もこの立場を共有することになる。

　そして酒井・島原（1991）もこの立場にある。東京都内の公立小学校2校に勤務する3人の新任教師に対する4月から12月までの約9ヶ月間の参与観察を通じ、エスノペダゴジー（日本的民族教育学）と酒井・島原が概念化した、現場の人々が産みだした教育理論という解釈枠組みが教師集団のなかに間主観的に存在し、教師個人は、それを自明視するなかで一斉画一型指導というふるま

いをみせていたことを明らかにした。この結果から、酒井・島原 (1991) は、教師の教育行為研究におけるストラテジー研究が単純な「目的－行為」連関への表層的な着目にとどまり、そのつながり方のパターンを規定する、主観的現実の構成のされ方に十分な注意を払ってこなかったと批判する。

　同様のアプローチをとるのはコード概念を用いた稲垣恭子 (1989) である。稲垣は当時ある程度の蓄積をみていた教室内部の相互行為研究が、相互行為を規定する外側の条件への関心が一義的にあったことを批判する。後述する三つ目のアプローチに対する批判である。そして、一見、状況超越的で外側から拘束しているようにみえる役割や規範というものは、相互行為を繰り返す日常的な解釈過程それ自体のなかで共有されていく枠組みである、という立場に立つ。それに稲垣は「コード」という概念を与え、ある公立中学校での観察データから、多様な意味解釈があり得る教師と生徒の相互行為に、お互いが一定のコードを繰り返し与え意味づけられていくことによって、一定の教師－生徒関係に定式化されていく様子を見出した。

　同様に、教師の教育行為を形作る、間主観的に共有された認知的枠組みを前提とする立場は、1980年代に久冨善之ら研究グループを中心に精力的な研究がなされた教員文化研究にも当てはまるだろう。1980年代後半から理論的・実証的研究によって「教員文化」の輪郭を彫刻することに精力を注いだ。教員文化研究の関心は、何か外側から当てはめた軸によって理解するのではなく、教員世界の内在的把握 (長谷川 2003) の試みであり、とりわけ教師の教育行為の背後にある「行動原理」を教員文化という概念を用いてすくい上げようとする試みであった。久冨 (1988) は教員文化を次のように定義する。「個々の行動型を要素とするものであるが、その単純な和であるよりその背後にあって行動を律し、したがって教員たちにその「世界解釈」のコードを与えている組織された全体であり、その全体 (＝体系) は、歴史的に選択され、形成・継承され、さらに創造されながら変容して行くもの」(久冨 1988, p.20) と定義する。また、その定義を Giddens の社会理論に照らして再検討した長谷川 (2003)

は、教員文化を「一定範囲の教員たちの間で共有されている行動原理のシステム」(長谷川2003, p.32)と端的に述べている。この定義から、教員文化という概念を用いることで、間主観的に共有された認知的枠組みが教師の教育行為を形作るという立場をとっていることは明らかであろう。

　なお以上の二つのアプローチは実際のところ、実証レベルではあまり明確に区別されることなく混在される場合も多い。伊佐 (2009) は、感情労働という教師の教育行為に注目するが、そのような行為をペダゴジカルな目的達成のためのストラテジーとしてとらえる見方を採用する一方で、それだけではなく教師が子どもたちの感情に訴えて自発的同調を促す「教師の間接的誘導」が制度化された日本的集団管理体制の影響にあることや、感情労働に関する「実践的知識」を教師が社会化を通じて獲得する、という見方も示す。また、吉田 (2007) は「教育困難校」における生徒の秩序維持という課題に対し、教師集団が「ぶつからない統制システム」という生徒指導体制を構築しながら、教師個人としては「お世話モード」と「基準の外部化」というストラテジーを駆使する姿を描いた。その説明では、ストラテジー概念を用いる一方で、教師集団に間主観的に存在する認知的枠組み(組織文化や、生徒指導体制)との関連からも教師の教育行為が理解されている。さらに、アカウンタビリティを求める政策動向との関連を論じることで、次に説明する三つ目のアプローチも採用した研究となっている。

　そして三つ目のアプローチとして、教師の教育行為を形作る認知的枠組みが構築主義的に構成されることを前提としながら、その枠組みは外部の制度的・構造的要因によって拘束されているとする立場がある。外的要因規定モデルとの折衷的立場といい換えることができる。前節で学校組織研究の動向を整理したが、そこで示した苅谷 (1981) のモデルはこの三つ目のアプローチに位置づけることができる。教師の認知的枠組みを「教師集団パースペクティブ」という概念で示したモデルである。この三つ目の立場は、一つ目、二つ目の立場と組み合わされて用いられることが多い。

例えば、教員文化研究に携わった油布（1988）は、教師の教育行為は教員文化から影響を受けると同時に、制度的拘束のうちにおかれるという説明図式を示している（油布1988, p.151）。古賀（2001）は、教師の教育行為を一定の体系に意味づける言説の役割に着目し、二つ目のアプローチに深く根ざす研究である。古賀は、この言説（「語り」とも呼んでいる）は、教師の自分自身の経験を位置づけ、自己アイデンティティを描くのに必要となるリソースととらえ、その言説は繰り返し語られることによって、現場の文化として構造化され、そして再構築されていくと述べている。一方で、「教育困難校」において教師たちが繰り返し語ることで構築されている「現場の教授学」と呼ぶべき言説に注目していくと、外在的でフォーマルな学校制度やカリキュラム、職務上の規則などによって規制を受けている側面、また後述するチャーターとの関連も見出しており、この意味で、古賀は二つ目の立場に重点をおきつつも、三つ目のアプローチをとる研究であると位置づけられる。

　フォーマルな法規則といった制度的拘束とは異なる外部環境要因との関連から教師の教育行為を分析するものもある。学校組織の社会的文脈として「学校のチャーター」に注目する研究がいくつか存在する。まず志水（1987）は進学チャーターと就職チャーターを有する高校それぞれ1校ずつを事例とし、それぞれのチャーターを教師たちが認識し、カリキュラムの調整や、管理・統制、評価配分システムのあり方が異なるという説明図式をとる。同様に、ジェンダー・トラックを明らかにした中西（1998）も同じ説明図式を持つ。中西は、学力水準という基準だけではなく、「性役割観」というノン・メリトクラティックな基準が学校の選抜過程には存在し、それがライフコースの女性内分化をもたらしていることを明らかにした。そのなかで、同じ学力水準にある高校間で生じていた、女子生徒の進路選択の学校差は、各校が女子教育方針として掲げている目標に適合的であることを見出す。そして、その社会化・配分過程に注目した中西は、学校チャーターを教師が認識することで、教師は学校チャーターに応じた社会化効果を強化するという説明図式を提示した。

　あるいは、伊佐 (2010) の研究にみられるように、生徒や保護者の階層文化が教師の「現場の教授学」を形作る要因となり、それが教師の教育行為を左右するとの関係を読み解く研究もある。

　三つ目のアプローチに含まれる研究には、近年の教育政策の動向や社会意識の変化との関連から、学校内部過程としての教師の教育行為に副次的な関心を持つ研究も含まれる。例えば金子 (2010) は、業績によって教員を評価しようとする教員評価制度を、「教職のメリトクラシー化」ととらえ、そのような政策動向が、教師が教職経験のなかで積み上げてきた経験知、すなわち構築主義的な認知的枠組みを背景に、教師が「違和感」や「抵抗」を示す様子を示している。

　1980年代以降、盛んとなった教師の教育行為研究は以上の三つのアプローチに分類することが可能であるが、いずれのアプローチも教師の教育行為を形作る認知的枠組みの存在を認め、それを構築主義的に理解する立場を共有している。このような特徴を持ち、教師の教育行為を説明する理論を越智・紅林 (2010) は教員文化論として整理していることから、本研究はそれに倣い、1980年代以降の学校組織研究 (苅谷モデル) そして教師の教育行為研究が用いた説明図式を「教員文化モデル」と呼んでおきたい。1980年代以降、教育社会学において教師の行為を説明する図式は、外的要因規定モデルから、教員文化モデル[5]への転換が図られた。そして、教員文化モデルは今日もなお、影響力を発揮する有力な説明図式として学校組織研究や教師研究の発展に寄与している。

3　教員文化モデルの課題

　では、本研究でとらえようとする時間・空間を越えて影響を与える制度化された認知的枠組みの存在は、この教員文化モデルで説明可能だろうか。

　高校教師の行為の「行動原理」となっている認知的枠組み (受験請負指導) をとらえようとする本研究はまさに教員文化モデルに連なる研究であり、この

モデルを適用するれば十分説明できると思われるかもしれない。しかし、その認知的枠組みが、ある時点のある単一組織で構築された後、その時間・空間を越えて、次の世代、他の組織の間に普及し、普及先のミクロレベルの行為に影響を与えるプロセスは教員文化モデルにおいて明確に問題化された現象ではなかった。

　教員文化モデルには三つのアプローチが存在し、教師の行為を多面的に分析することを可能とするが、教員文化モデルは単一組織のミクロレベルを基底および基軸として理解するところにスポットライトが当たっている。本研究が注目する現象にスポットライトの光が及ばないこともないが、スポットライトの中心を当てて明確にとらえようというモデルではなかった。それは、三つのアプローチが拮抗することによって教員文化モデルが発展してきたことと無関係ではないだろう。

　ストラテジー研究にみる一つ目のアプローチへの批判として、二つ目の知識社会学的アプローチが発展し（例えば酒井・島原1991、古賀2001, pp.18-19）、さらに、一つ目や二つ目のミクロレベルの研究に対する批判が「構造的視点を欠くため、つまり社会的文脈をその射程に取り入れることに失敗しているため、生徒にとっての学校の意味は、脱文脈化・脱歴史化され、断片的にしか扱われない」（志水1987, p.167）という懸念から展開され、三つ目のアプローチの存在意義が主張されていた。その逆に、一つ目、二つ目のアプローチに立つ研究者からは三つ目のアプローチに対して教師の教育行為研究を、「構造機能主義にミクロな知見つまり主観的な条件を加味する補足的な分析」（古賀2001, p.16）として都合よく利用し、「二次的な位置づけ」（稲垣恭子1989, p.124）しか与えていないことが批判された。このように三つのアプローチそれぞれに立つ研究者が拮抗したからこそ、互いの立場の利点を補い合うことによって今日の教員文化モデルの発展があった。

　しかし裏を返せば三つのアプローチが互いの課題を探し回ることに執心していたために、いずれのアプローチに立っていたとしても、本研究が関心を

寄せる現象、すなわち、認知的枠組みが単一組織を離れ、時間的、空間的に広がる可能性への関心が浮上することはなかったと考えられる。

　ただし、分析課題として明確に設定されることはなかったものの、教師の行為に影響を与える認知的枠組みが、他組織から普及・受容される様子を断片的にとらえた研究もある。鈴木（2012）は、ある公立中学校を事例とし、そこでの教師の生徒指導部会という会議での教師間の相互行為から、ある状態が「問題」としてカテゴライズされていく様子をとらえている。教師が靴下・下着の指導基準を正しく認識しておらず、指導が不徹底となり、その結果生徒が規則を遵守していない状態が、生徒指導部長の教師によって「問題」としてカテゴライズされ、その解決策として、「共同歩調」の必要性が語られていく。ここで注目したいのは、この生徒指導部長がなぜ「共同歩調」の必要性を認識しているのかという点である。鈴木は、この教師の語りを引用し、「過去の「経験」から導かれた「荒れ」と「共同歩調」の因果関係を論拠としている」（鈴木2012, p.153）と指摘する。つまり、過去に学校が「荒れ」ていたときに、「共同歩調」によって「荒れ」が克服されたために、「共同歩調」を教師たちに求める発言を会議で行ったという説明である。そして、この［「共同歩調」→「荒れ」克服］（鈴木2012, p.153）という認知的枠組みは、他者からの継承や、他校での経験をこの勤務校で投影させたものであったという。ここからは、教師の行為に影響を及ぼす［「共同歩調」→「荒れ」克服］という認知的枠組みが、過去のある時点の組織で構築されたのち、時間的・空間的に広がりを持ち、広がった先の教師の行為に再び影響を与えている様子が示唆されている。

　また、吉田（2007）の研究でも、「ぶつからない統制システム」の一つとして導入された5分単位の出席管理という手法が、事例とする高校と同じように、他県の公立下位校に属する高校で効果を挙げ、さらに事例校の隣接学区の別の下位校でも導入され、そして事例校に伝わったものであるという教師の語りが紹介されていた。ここからも、下位校における有効な生徒統制の手段であるという認知的枠組みが、他校から普及し、受容されるとともに、5分単位

の出席管理という手法が導入されたことが推測される。

　たしかに、公立学校の教師は人事異動という制度がある。また、何か新たな取り組みを始めようとするとき、教師たちは先進校とされる学校を視察する慣習もある。同じタイプの学校ごとに連盟や協議会などを組織することも珍しくない。また、教育委員会主催の研修などでも他校の教師たちと交わる機会がある。このようなフォーマルレベルで組織間・他校教師間の交流、連携が数多く用意されている。それだけではない。インフォーマルなレベルでも組織間・他校教師間の交流はある。あるいは実質的な交流関係がないとしても、メディアを通じて特色のある実践例や「成功例」がセンセーショナルに取り上げられることで、ある学校の教師たちが持つ認知的枠組みが他校へと広がりをみせることもあるだろう。

　一般の組織論では、半ば常識になっている組織間関係の存在が学校組織における教師の行為を理解する図式からは欠落していた。では、どのような概念を用いることによって、教師の行為を形作る認知的枠組みがある組織で確立したのち、他の時間・空間へと広がっていく現象をとらえることができるだろうか。

　この疑問に対し、久冨の教員文化の定義をギデンズの社会理論に当てはめて整理をした長谷川（2003）による次の指摘が示唆に富む。教員文化は「実践の規則についての共通認識を教員たちの間に普及し、彼ら／彼女らの実践の「標準化」を促すもの」であり、「実践を「制度化」する、このことが教員文化の基本的な方向である」（長谷川2003, p.37）と長谷川は指摘する。つまり、ある単一の学校組織における教員文化が「空間的に広く行き渡り、時間的にも持続性のある実践」になるとき、「制度」という概念によってそれをとらえるべきことを、長谷川（2003）は指摘しているのである。長谷川（2003）の理解に照らせば本研究は、教員文化の次なる段階に位置づく制度化段階に焦点を当てた研究であり、その制度化過程を明らかにするために、教員文化モデルとは別の説明図式を用意する必要がある。

　さらに、本研究の分析課題は、長谷川（2003）がいう「制度化」過程に焦点を当てるだけではない。一度制度化された認知的枠組みが、どのように変容していくのかをとらえることにもある。このような分析課題を設定したのは、本研究の事例が、変容と呼びうる過程をたどっていたことから帰納的に導かれた分析課題でもあるが、先行研究においても教師の行為を形作る認知的枠組みの不変性は決して前提とされていたわけではないからである。

　古賀（2001）の「教育困難校」におけるエスノグラフィーでは、ある教師の「授業不成立」という事件から、教師たちが集団で指導するという意味が、単に集団的な組織的な指導体制が組まれているという意味から、「失敗の個人化」を回避するという意味へと変容した様子が報告されている。同様に、吉田（2007）でも、管理主義的に生徒を統制しようとする過去の生徒指導文化から、「ぶつからない統制システム」「お世話モード」の生徒指導文化への変容が描かれ、その背景にアカウンタビリティを求める政策動向を指摘した。さらに、教員文化研究においても、教員文化が「その全体（＝体系）は歴史的に選択され、形成・継承され、さらに創造されながら変容して行くもの（注；引用者による強調）」（久冨1988, p.20）との定義があるように、その概念自体に変容というプロセスを含意していた。そして、近年の教員政策によって、教員文化の重要な相をなす教職アイデンティティの確保戦略が二元化戦略へと変容してきたことが見出されてきた（山田・長谷川2010）。

　しかし、これらの分析レベルで論じられた変容は、古いものから新しい別のものへと入れ替わるという意味での変容を暗黙のうちに前提としてはいなかっただろうか。何か印象的な出来事（事件や、政策転換など）を契機として、変容という現象は代替物へと劇的に姿を変える形で進行していくものなのであろうか。

　序章ですでに述べたように、組織論では、組織の発展プロセスとして安定的段階における連続的な変化プロセスである漸次的進化過程（incremental evolution process）と危機に直面し別の段階に移行する不連続な変化プロセスで

ある革新的変革過程（radical revolutions process）が交互に組み合わさっていることを想定する（桑田・田尾 2010）。もちろん、本研究が問題とするのは、教師の行為を形作る認知的枠組みの変容であり、変容に対して「発展」という価値を込めているわけではない。そのため、厳密に上述の組織の発展プロセスの図式を当てはめることには慎重である必要がある。しかし、変容のプロセスとして、段階的に不連続な変容をたどるのか、あるいは、連続的な変容をたどるのか、このような区別をおくことは重要である。この区別を適用すれば教員文化モデルにおいて変容を論じる研究は、段階的に不連続な変容を前提としてしまっていたといえるだろう。

　では、本研究が着目する制度化の過程をたどった認知的枠組みの変容はどのようなプロセスが想定されるだろうか。実際のところは桑田・田尾（2010）の指摘のように、段階的な不連続な変容と連続的な変容が組み合わさっていると思われるが、本研究では、概して先行研究によって看過されてきた、連続的な変容という側面がとくにクローズアップされる。なぜなら、制度化した認知的枠組みは、制度化以前のものより耐久性や安定性を獲得しているはずであり、段階的な不連続的変容をすぐさま経験するとは考えにくいからである。一方で、まったく変容しない堅固な存在としてとらえておくこともできない。よって、連続的な変容が観察されることが予想できる。

　以上より、教師の行為を形作る認知的枠組みの制度化、そしてその変容、いずれをとらえるうえでも、その説明図式を教員文化モデルに求めてしまう場合、現象を的確にとらえるには限界があることが明らかとなった。繰り返し確認するが、本研究が着目する受験請負指導は、ある時間・空間で構築されたのち、その文脈を離れ、他の時間（次世代の教師）・空間（他校）へと広がり、広がった先の教師の行為に影響を与える性質を持つものである。さらに、受験請負指導はその間に安定しているわけでも、段階的に不連続な変容を遂げるわけでもなく、連続的に変容が生じていくことが予想される。そこで本研究では、このような性質をもつ認知的枠組みとしての受験請負指導を制度概念

から分析することを可能とする新制度派組織社会学を参照したい。この理論では、組織内外の要因で生じる連続的な制度変容を包括的にとらえる脱制度化という枠組みを発展させている点も本研究にとって重要である。こうした特徴を持つ新制度派組織社会学を参照することで、教師の行為を理解する新たな説明図式を提案したい。それを本研究では「文化－認知的制度モデル」と呼んでいく。

第 3 節 組織論の動向

　本節では、「文化－認知的制度モデル」を確立するためにで必要不可欠な、新制度派組織社会学の理論枠組みを紹介する。はじめに組織論、経営学一般の動向と、欧米を中心とした学校組織研究の動向を整理し、新制度派組織社会学が既存理論のどのような課題を乗り越え発展するに至ったのかを説明していきたい。

1　オープン・システムとしての組織

　組織が研究対象として認識されるようになったのは、19世紀である。工業化・官僚制化という社会構造の大きな変化が訪れた時代に、組織が社会生活に対しいかなる影響をもたらすのかという関心が端緒にあった (Scott 2004)

　Taylor, F. W.の科学的管理法は組織論の古典とされる。この理論に代表されるように、初期の研究は組織内部における生産と管理の合理化に研究の努力を費やすことで発展した (Scott 訳書, 2012)。それに続いたのが、現在、新古典理論と分類される研究である。Mayo, G. E.の人間関係論が代表的である (井原2008) が、個人のモチベーションの複雑性や、非公式的な協働のパターン、

管理者と労働者の間の葛藤などが注目された (Scott 2004)。

　新古典理論は、作業者を合理的な「経済人」ととらえる古典理論への疑念から発展を遂げた。しかし、その後、古典理論にも新古典理論にも欠ける視点が提起される。古典理論、新古典理論が組織内部への関心を注ぐのとは対照的に組織を取り巻く環境との関係まで分析の枠組みに含め、組織体を環境のなかで生存しようとする適応的なシステムとみる視点である (Scott 訳書, 2012)。

　このような1970年頃からみられたシステム的組織観の発展は、組織を眺める視座をクローズド・システム・パースペクティブからオープン・システム・パースペクティブへと転換させることになった。組織研究は、組織の内部のプロセスから、外部環境への適応、組織−環境の関係を重視する方向へと移っていった (井原2008、Scott 訳書, 2012)。

2　学校組織研究と「緩やかな連結システム」の発見

　学校組織研究において、組織の構造を外部環境との関係からとらえようとする視点は早くから存在していた。組織論一般においてオープン・システム・パースペクティブへと注目が集まる以前にすでに定着していた見方であった。本章第1節で述べたように、日本の学校組織研究に大きな影響を与えたKing (1983) は、Weberの官僚制組織論から1970年代に至るまでの組織理論を検討するとともに、学校組織が理論的にどのようにとらえられてきたのかを整理した。Kingの整理からは、学校組織に対する見方は、初期から外部環境と組織の関係性に配慮していたことがわかる。Kingは、Durkheimの機能主義的な発想やMarxの資本主義社会と教育システムの対応理論から始まり、システム論的組織観を提示したParsonsの研究、さらにBowles and Gintis、そしてイギリス教育社会学で活躍したBernsteinの理論を概観する。そして、一連の研究を構造主義的研究と呼ぶ。その意味は、いずれの研究も学校組織の外部あるいは上位の社会的秩序を想定し、その社会的秩序と学校組織の間に調和的な対応関係を想定している (King 1983, p.164) ということである。Kingが構造主

義と呼ぶものは、まさしくオープン・システム・パースペクティブを有するものであり、Kingの整理にしたがえば、学校組織研究では早くから定着をみせていた視点であった。

しかし、Kingが指す構造主義的研究を反省的にとらえる視座が1970年代後半にアメリカ[6]を中心として現れる。アメリカでは構造主義的研究と同様の意味を持つ研究を「入れ子状モデル（nested layer model）」と表現していた。入れ子状モデルとは、学校へのインプット要因とアウトプット要因の直線的な対応関係を前提とし、学校組織はそれをつなぐスループット要因として探索されるモデルだという（Gamoran et. al 2000）。つまり、「よい」環境や条件を整えれば、生徒のパフォーマンスは向上する、という因果関係を想定するモデルである。しかし、学校を対象とした統計的な実証研究は、入れ子状モデルが想定する環境と組織、組織内部の対応関係を見出すことはできず、代わりに学校組織の曖昧性や不確実性が発見されるようになる（Gamoran et. al 2000）。

学校組織の曖昧性や不確実性を理論の俎上にあげた代表的研究者がWeick（1976）である。Weickは、「緩やかな連結システム（loosely coupled systems）」という新たな組織観を提示し、学校組織にはらむ曖昧性や不確実性を学校組織モデルに組み込むことを試みた。Weick（1982）は、学校組織は、他の組織にみられる以下の4つの前提が当てはまらないことを指摘する。

1）人々が高度に相互依存状況にあるときに生じる合理的な自己修正システム

2）目標と、目標を達成するための手段に関する合意

3）情報を拡散して調整すること

4）問題と、その問題に対する反応の予測性

さらに、Weickは学校組織の奇妙さは、生徒が好き勝手に参加していても学校教育が成り立っているところにあると指摘し、それはあたかも、選手が好きなときにゲームに参加し、好きな方向にボールを蹴っていてもゲームが成り立つサッカーのように奇妙だと表現する（Weick 1976）。すなわち、学校組織のコアである技術的活動と、官僚制的な公式構造のコントロールの調整が欠

如していることを学校組織の特質ととらえ、学校組織を「緩やかな連結システム（loosely coupled systems）」観からとらえるべきであることをWeick（1976）は主張した。

3　新制度派組織社会学と文化−認知的制度への注目

　Weickの緩やかな連結システム観は、学校組織を含め、官僚制組織が近代社会において普及した理由を探る、Meyer and Rowan（1977）に大きなヒントを与えた。当時、オープン・システム・パースペクティブへと転換を果たし、コンティンジェンシー理論や組織間関係論にもとづく研究が盛んに行われていたなかで（井原　2008）、官僚制組織が生み出された理由は次のように理解されていた。市場経済や中央集権が発展をみせた近代は、技術的活動が複雑化する。それを最も効果的に統制することができる方法が官僚制組織であるとの説明である（Meyer and Rowan 1977）。この説明にもとづけば、組織成員による活動は、官僚制組織のきまりにしたがうと仮定される。ところが、Weick（1976）が提示した緩やかな連結システム観は、その仮定に疑問を投げかけることになった（Meyer and Rowan 1977）。

　Meyer and Rowan（1977）は、緩やかな連結システム観の登場を受け、官僚制組織における日々の技術的活動がその公式構造を反映して遂行されるという仮定に立つことなく、官僚制組織が近代社会で生まれ普及した理由を説明する必要性を認識する。そして導かれたのが、「神話と儀礼としての公式構造」という発想であった。つまり、官僚制組織がもつ公式構造の合理性は、真に合理的であるかどうかにかかわらず、当然視され、あたかも神話のように信じられているという考え方に立つ。このような神話が制度化した環境にある組織は、自身の組織の存続のために、儀礼的であってもその神話に適応することが不可欠となる。なぜなら、公式構造が最も合理的であると人々に信じられているなかでは、公式構造以外の構造は疑義の眼差しが向けられ、組織は正当性を調達できず存続の危機に陥るからである。

　Meyer and Rowan（1977）が示したこのパースペクティブは、その後、社会学をベースにした新制度派組織論と位置づけられていく。Scott（2014）は、Meyer and Rowan に始まる新制度派組織社会学の特徴を、法律や規則（規制的制度 regulative element）、あるいは善悪の判断などの一般的な社会的義務に関する規範（normative element）に加え、それとは違う「制度」への着目にあると指摘する[7]。その「制度」とは、人々、あるいは組織、組織群が構築した、当然視された枠組みであり、Scott はそれを「文化−認知的制度」と名づけている（Scott 2014）。文化−認知的制度を Scott（2003, p.880）は、社会的現実のあり方や意味が作られる際の枠組みを構成する、共有されたコンセプションであると説明する。つまり、「ある社会関係のネットワークに組み込まれている人々は、必然的にその社会的文脈に特有の文化の枠組みというレンズを通して物事をみたり感じたりすることになる」（佐藤・山田 2004, p.197-199）、そのレンズを文化−認知的制度と呼んでいる。Meyer and Rowan（1977）は、人々が正当であると認識する文化−認知的制度に組織や組織における行為は適合するという現象を強調したと同時に、その文化−認知的制度が組織の境界を越えて広く普及していくことを述べた。

　つまり、新制度派組織社会学は行為を形作る認知的枠組みが他の時間・空間へと広がり、影響力を持つ現象を研究対象としており、本研究と同様の問題関心を共有している。

4　文化−認知的制度に影響を与える規制的制度

　新制度派組織社会学のエッセンスは文化−認知的制度への着目にあった。だが、それまで技術的環境にのみ着目していた組織論や経営学の流れに対しては、文化−認知的制度はもちろん、規制的制度や社会的義務としての規範的制度への着目を促す点でも新制度派組織社会学の与えた影響は大きかった。先にも述べたように、1970年代の組織論はオープン・システム・パースペクティブへと転換を果たし、コンティンジェンシー理論が盛んに研究されてい

た。コンティンジェンシー理論が想定する外部環境は技術的環境であって、異なる環境のもとでは、その環境に最適な組織の管理方法は異なるということを示す理論であった（井原2008）。それに対し、新制度派組織社会学のパースペクティブは、コンティンジェンシー理論が技術的環境にばかり注目し、法的システムや共有された信念システム、規範からなる制度的環境を看過していることを批判した（Scott 訳書, 2012）。そして組織の外部環境に、技術的環境のみならず制度的環境を想定することの重要性を示した（Scott 訳書, 2012, pp. xvi-xvii）。

　したがって、本研究でもとくに規制的制度が文化−認知的制度としての受験請負指導に影響を与え、さらにそれが教師の行為に影響をあたえるという入れ子構造を想定しておきたい[8]。すでに述べてきたとおり、A県X高校の受験請負指導の確立の背景には、A県教育委員会による受験指導重点化施策があった。つまり規制的制度という意味での制度的環境の成立によって、受験請負指導という文化−認知的制度が構築されやすい状況が生まれたといえる。そして、その文化−認知的制度の変容に対しては、人事異動や学習指導要領の改訂、そしてA県教育委員会による探究科設置の影響を読み取ることになる。これも規制的制度から文化−認知的制度が影響を受けている状況を示している。このように現象を整理できる点でも、新制度派組織社会学の枠組みの有用性が期待できる。

　新制度派組織社会学は Meyer and Rowan（1977）以降、多様な発展を続けている。詳しい内容は第2章第3節に譲るが、とくに1990年前後を境に、組織の内部過程に迫るミクロレベルの分析や、制度に対して多様な関与をみせるアクターをとらえる枠組み、そして制度化の過程のみならず、一度確立された制度が崩壊へと向けて変容する過程をとらえる脱制度化研究まで研究領域を広げている。そして、いまや、新制度派組織社会学は「今日の組織研究の世界において大きな力を誇っている。それが学的潮流としてそれなりの成熟を示しているのは間違いない」（山田2017, p.130）といわれるまでに成長している。

　以上、述べてきたように教員文化モデルの課題を乗り越え、新しい説明図式を提供することが期待される新制度派組織社会学について、次章では本研究に援用可能な分析概念をそれぞれの分析課題に沿って検討していく。

1 さらなる下位分類に関しては苅谷 (1981) を参照のこと。
2 1970年代までの研究的立場に対し、1980年代以降に興隆する解釈的パラダイムと対比させて、規範的パラダイムと位置づけることもできるかもしれない。規範的パラダイムとは、Wilson Thomas, P. の説明を引用した山村 (1982) によれば、「社会的相互行為の過程を本質的に規則 (規範) によって支配されているものとみなし、その前提のもとに自然科学的なまた演繹的な仕方で諸事象を説明しようとする」(山村 1982, p.24) ものである。
3 詳しくは陣内 (1986)、杉尾 (1988) を参照のこと。
4 なお、エスノメソドロジー研究はこれ以降の整理に含めていない。古賀 (2001) は、エスノメソドロジー研究は「教師の認識世界を他者との関係を支えつつ進行する「言語ゲーム」(言語行為の規則性) の所産として理解し、その構造を提示しようとする視点」があると説明する。たしかにエスノメソドロジーの方法に立つ森 (2011) は、この解釈枠組みを「知識」としてとらえ、教師の教育行為に結びつく以前の現象に注目する研究であるといえる。教師の教育行為研究は、教師がある解釈枠組みを「知る」という社会化の過程が存在することを前提とするが、森 (2011) は、そもそも「知っている」ということがいかなることであるのかを、概念分析の手法によって明らかにしようとする。このような性格を持つエスノメソドロジー研究は、教師の教育行為を扱う研究であるが、とらえる現象の相違から、本研究の整理には含めていない。
5 なお、教員文化モデルに含んだ先行研究は、実際のところ教師のふるまいを表現する概念を慎重に検討して用いているわけではなく、行動や、ふるまい、行為、活動、教育実践、教育活動など筆者それぞれが独自の概念を用いて表現してきた。しかし、これらの研究は教師に内在する意味や解釈の探究という目的を含んでいない外的要因規定モデルと明確に区別されるものである。よって実質的には教師のふるまいを行為概念に近いものとしてとらえていたとしておきたい。
6 その頃のイギリスは、「新しい」教育社会学が興隆し、学校組織は、「文化伝達の機関」ととらえられ (志水 2018) た。そのため、学校の社会学は学級やカリキュラムへの研究関心が高まる一方で、学校組織の理論的発展は立ち遅れていた (King 1983)。ただし、後述するように、日本の教育社会学に影響を与えた学校組織研究が1970年代後半に King によってなされた。
7 Meyer and Rowan に始まる新制度主義者の「制度」の考え方は、Schutz, A. や Berger and Luckmann の現象学的社会学、知識社会学の影響を受けている (Scott 2014)。
8 教員文化モデルでいえば三つ目のアプローチをとるということである。

第2章
新制度派組織社会学における分析概念の検討

　本研究は、教師の行為を形作る認知的枠組みが、ある時点のある組織で確立されたのち、それが時間・空間を越えて広く影響を与える制度として存在できることを示すことが第一の目的である。そして制度化された認知的枠組みは、連続的な変容を前提とすべき存在であることを明らかにすることが次なる目的である。これらを明らかにすることで、高校教師の行為を説明する新たな説明図式として「文化－認知的制度モデル」を提示する。

　前章では、以上の現象が、「教員文化モデル」で分析することには限界があることを指摘した。そこでその限界を乗り越えられる可能性がある理論として、新制度派組織社会学を紹介した。新制度派組織社会学を用いれば、受験請負指導という認知的枠組みは文化－認知的制度概念からとらえることができ、その確立には制度化という分析枠組みが、変容には脱制度化という分析枠組みが援用できる可能性があることを述べてきた。本章ではそれぞれについてどのようなプロセスが理論的に想定されているのかを確認していく。さらに、1990年以降の新制度派組織社会学の展開を詳しく述べたうえで、新制度派組織社会学のなかから、本事例でみられる教師の存在を理解可能にする分析概念を確認していくことにしたい。

第 1 節 制度化のプロセス

　本研究の分析課題の一つ目は、地方の公立進学高校において、教師の行為を形作る認知的枠組みがどのように確立し、継承され普及するのか、というものである。その課題に対し、新制度派組織社会学の枠組みにおける「制度化」という枠組みを用いる場合、どのようなプロセスが想定されるのかをここでは確認していきたい。

　新制度派組織社会学が注目する文化－認知的制度とは、知識社会学のBerger and Luckmann の制度概念が起源となっている。ここでは、Berger and Luckmann の理論を参照し、制度化に必要とされる過程を整理する。

　まず Berger and Luckmann による制度の定義を確認する。Berger and Luckmann（訳書 2003, 以下 p.84-85 を参照）によれば、制度とはパターン化された行為が類型化され、歴史性と統制を伴ったものである。類型化とは「X というタイプの行為は X というタイプの行為者によって遂行される」と想定することである。歴史性とは、時間的に持続し新世代に継承されていく性格を指す。統制とは、「一つの方向へと人間の行動を回路づけること」である。制度は、「それが存在するという、ただそれだけの事実によって」人間を統制する。

①客観化 (objectification)

　このように定義される制度であるが、パターン化された行為が次第に制度として確立していく過程とはいかなるものだろうか。まず上述した制度の定義のなかに、制度化に必要な過程を知ることができる。Berger and Luckmann が明確に指摘していることは、パターン化された行為が客観化（objectification）していく過程である。これについて、Scott（2014）も、制度化のメカニズムの一つとして「客観化[1]を増大させることとしての制度化（Institutionalization as increasing objectification）」に着目する。Berger and Luckmann（訳書, 2003）は、制度が、制度を具現化することになった諸個人の上に、また超越するものとして、

「個人に対して外的で、かつまた強制力のある事実として対峙する、一つの現実性を持つものとして経験される」(前掲書, pp.90-91)ことを制度の客観性としている。この客観化について詳しくみると、客観化の具体的現象としてStrang and Meyer (1993, p.492) があげているのが理論化 (theorizing) である。理論化とは、パターン化された行為が、はっきりとした因果関係として説明されることであり、それは例えば文書の形をとって現れるという。Berge and Luckmann (訳書, 2003) も・こ・と・ば という記号体系に整理されていくことを客観化ととらえている。

②沈殿化 (sedimentation)

さらに客観化されたものが、制度として完成をみるには、沈殿化しなければならない。Berger and Luckmann (訳書, 2003) は、沈殿化を「それらは確認したり想起したりすることのできる総体として、記憶のなかに凝結する」(Berger and Luckmann　訳書, 2003, p.104) と説明している。客観化された行為パターンが「最初の具体的な個人の経歴の文脈から切り離し、それらを当の記号体系を共有する、あるいは将来共有することになるかもしれない、すべての人びとに一般的に接近可能なものにすることによって、これらの経験に萌芽的な匿名性」を与えられる状態を沈殿化としている (Berger and Luckmann　訳書, 2003, p.105)。つまり、沈殿化することによって、ある「経験が一つの世代から次の世代へ、そして一つの集団からもう一つの集団へ、受け継がれる」ようになるという (Berger and Luckmann　訳書, 2003, p.105)。制度化過程をモデル化したTolbert and Zucker (1996) も Berger and Luckmann の理論を踏まえ、制度化の最終段階として沈殿化 (sedimentation) の重要性に言及している。そして沈殿化とは、複数の世代にわたって継承 (perpetuated) され、空間的に広がっていく (spread) 現象と述べている (Scott 2014, p.149)。

③正当化 (legitimation)

このように、パターン化された行為が客観化・沈殿化していくためには、パターン化された行為に対して正当性が付与されている必要がある。Berger and Luckmann（訳書 2003, PP.95-96）は、制度が持続するためには正当化図式の継承が不可欠であると指摘する。そして正当化という過程を、「正当化の機能はすでに制度化されている「一次的」な客観化過程の産物を客観的に妥当なものにすると同時に、主観的にもっともらしいものにすること」（Berger and Luckmann　訳書 2003, p.141）と説明する。正当化図式は、制度にもっともらしさを与えるものとなる。

　Berger and Luckmann は正当化を4つのレベルに分けて段階的に説明する（Berger and Luckmann　訳書 2003, pp.144-147）。本研究の事例では第二段階までは当てはまると考えられるため、ここでは第一・二レベルの正当化を説明する。第一のレベルの正当化は「人間の経験の言語による対象化[2]の体系が継承される場合に、ただちにあらわれる」という。　そして正当化の第二のレベルには、「原初的な形の理論的命題が含まれている」という。具体的な正当性を説明する図式が、具体的な行為と直接結びついている状態がそれである。

　以上より、制度化の過程には、客観化（理論化）、沈殿化（次世代への継承、他空間への普及）、正当化という三つの過程が重要であることが確認できた。次章の分析では、客観化という枠組みが、1990年代のX高校で教師たちが受験請負指導を確立していった過程に当てはめられることを示していく。受験請負指導の確立は、教師の指導というふるまいを原因とし、生徒の大学受験の合否をその指導の結果とみなす因果関係の体系へと理論化された過程であったからである。さらに沈殿化という枠組みは、1990年代のX高校の受験請負指導が次の世代の教師たちに継承される過程や、Y高校へ普及する過程に当てはめることができるだろう。そして、それらの過程のなかで、受験請負指導は成功体験を経て、客観的にもっともらしく妥当であることを表す説明図式が付与されていく。その過程に正当化という枠組みを当てはめることができると考える。

第 2 節 脱制度化のプロセス

　第1章第3節で述べたように新制度派組織社会学は従来の組織研究に対し、文化－認知的制度への着目と、文化－認知的制度以外を含む制度的環境の影響を位置づける新しい理論的視座を提供した。そこで、本研究は規制的制度という意味での制度的環境下で文化－認知的制度が構築され、そして教師の行為に影響を与えるという入れ子構造を想定した。この入れ子構造があることを前提とすれば、受験請負指導という文化－認知的制度の変容は規制的制度としての制度的環境から大きな影響を受けると想定することができる。制度変容の大枠はこのとおりに理解できるが、近年発展が著しい脱制度化という枠組みを用いれば、この枠組みを前提としながら包括的で詳細な変容のメカニズムをつかむことができる。

　脱制度化研究は、新制度派組織社会学のなかでは新しい研究領域で、2010年頃から新制度派組織研究における中心テーマの一つとして発展してきた（Greenwood, Oliver et al. 2017）。理論面（Dacin and Dacin 2008, Clement and Roulet 2015など）、実証面（Dacin and Dacin 2008, Ahmadjian and Robinson 2001, Maguire and Hardy 2009, Becker 2014, Gilmore and Sillince 2014など）ともに蓄積がみられる。

　なぜ脱制度化という分析概念が生みだされたのだろうか。初期の新制度派組織社会学は、制度の維持・普及の解明を第一命題とし、制度の耐久性・安定性を強調する制度観を構築してきた。しかし、その制度観に対して、次第に批判が寄せられるようになる。初期研究の制度観は、制度が抗議を受ける可能性や放棄される可能性、その価値が揺らぐ可能性を看過しているとの批判である（Oliver 1992）。そこで、脱制度化という概念が生みだされることになる。脱制度化研究の第一人者であるOliver（1992）は脱制度化を「確立された実践や制度的実践の正当性が蝕まれ、持続しなくなること」（Oliver1992, p.564）と定義する。

　もちろん脱制度化とされる現象が、それまでにまったく研究されてこな

かったわけではない。新しい実践が適用されるプロセスや制度変化を観察する研究の副産物として知られてきた現象であった（Oliver1992, Becker2014, Maguire and Hardy 2009）。しかし、何か新しい制度にとって代わられることとは切り離し、ある制度が変容そして崩壊へ向かう様子を理論化する研究というのはほとんどなかった。それを最初に問題視したのがOliver（1992）であり、彼女は脱制度化という概念を打ちだすことで、これらの問題を明確化し、正当化された組織的実践を変容させ、消滅させる諸要因を体系的に示そうと試みた。制度は絶えず蝕まれていくとZucker（1988）が述べたように、Oliver（1992）もまた、制度的価値や実践の安定性や永続性へ疑問を投げかけ、制度が抗議や抵抗、拒否に脆いという新たな制度観を示すことを目指した。

　このような制度の脆さを強調する視座は、本研究の関心と合致する。本研究では、段階的で不連続な変容ではなく、連続的な変容をとらえることを試みるが、それは、制度が常に変容する可能性をはらんでいるとみる、脱制度化の枠組みに適合する。以下ではOliver（1992）の枠組みを紹介した後、その枠組みを発展させたDacin and Dacin（2008）の知見を紹介する。

1　脱制度化の枠組み

　Oliver（1992）は脱制度化を促す圧力を政略的・機能的・社会的圧力に分類する。そしてそれぞれを組織内部に由来するものと環境に由来するものに分けた。

　政略的圧力（political pressure）とは、制度の効用（utility）に対して、ある利害や信念を持つ特定のメンバーが疑義を呈する状況を指す。組織内部に由来する圧力は、パフォーマンスが危機に陥ることや、制度への価値や妥当性に関する組織メンバー間の合意が崩れる状況であり、環境に由来する圧力は環境変化に反応するために革新が求められ、伝統的な制度の必要性に疑義が呈される状況である。

　機能的圧力（functional pressure）とは、制度の技術的価値（instrumental value）に疑義が呈される状況を指す。組織内部では、効率性の基準が変化し、または特定

の技術要請によって技術的効率性に疑問が生じる。環境においては資源を巡る競争の激化や、避けられない社会的出来事、統計的事実が示されてしまうことで疑問が生じる。

社会的圧力（social pressure）とは、メンバーの入れ替わり、職場の多様化の副産物として組織内部で規範の分断が生じることや、合併などによって組織の歴史が中断することによる圧力を指す。または国家や社会の制度的ルール、価値などが変化することによって生じる圧力を指す。前者二つの圧力が、組織メンバーの自覚のうえ、制度崩壊に向かわせていたのとは異なり、社会的圧力はメンバーが崩壊を意図していない状況も含む。

以上の三つの圧力の他に、制度が本質的に有している相反する二つの圧力もある。慣性の圧力（inertial pressure）と崩壊の圧力（entropy pressure）である。慣性の圧力は制度変化に対して維持しようとする抵抗力を指す。一方、崩壊の圧力とは、脱制度化圧力を強める圧力である。例えば、役職という制度がその職に就く者の人格や、彼らが相互作用するなかで修正されていくことである。

こうした圧力のバランスによって、制度は消失（dissipation）または排除（rejection）される。消失は制度が徐々に受け入れられなくなることである。排除は直接的な反抗によって取り除かれることである。脱制度化された制度は衰退（erosion）または中断（discontinuity）される。以上がOliver（1992）の提案する脱制度化の枠組みである。

なお、本研究においてはデータの制約から脱制度化を促す諸圧力を厳密に特定することは難しい。序章第5節でデータの詳細を述べたとおり教師のインタビューデータが中心となる本研究では教師から語られたことや教育行政施策などの観点から、脱制度化圧力についてとらえていくことにしたい。具体的には人事異動や学習指導要領の改訂、県教育委員会による探究科設置といった外部環境由来の社会的圧力に焦点を当てることになる。しかしそれだけに言及しているからといって、それ以外の要因が本研究の事例の脱制度化に関係していないことを断言するものではないことはあらかじめ述べておきたい。

また、その外部環境由来の社会的圧力とは、ここまで使用してきた規制的制度概念でとらえられる内容と重なっていることも合わせて確認しておきたい。

2　守護者としてのアクターと補助的制度からの脱制度化

　Dacin and Dacin（2008）はOliver（1992）の枠組みを総合的かつ実証的に検証している。Dacin and Dacinが事例としたのは、アメリカのテキサスA＆M大学のボンファイヤーというユニークなイベントである。丸太を高く積み上げ、燃やし、巨大な炎を作りだす行事で、1909年にスタートし2002年に脱制度化した。ここでは丸太を切りだし、積み重ね、燃やすという三つの儀礼が制度化された。ボンファイヤーは大学のアイデンティティとも強く結びづけられ、その権威と正当性を高めた。ところが1960年代から90年代にかけて、様々な脱制度化の圧力にさらされていく。そして1999年に大事故が起き、大勢の犠牲者をだした。これが疑義の声を高める大きな契機となり、学生が関与するのは燃やすという儀礼に限られるようになった。最終的には燃やすという儀礼も中止され、制度は消失、崩壊に至った。

　分析からDacin and Dacin（2008）はOliver（1992）の枠組みに新しい知見を加えている。一つ目は制度の崩壊の圧力を押しとどめようとする守護者（custodians）の存在である[3]。二つ目に危機的出来事の重要性である。三つ目に、制度には中核（core）と補助（ancillary）があり、補助的制度は諸圧力の影響を受けやすいが、中核的制度はそれほど影響を受けないか、むしろ強化すらされるという指摘である。四つ目に脱制度化した実践は「制度的残余物（institutional remnants）」として新しい伝統の構築に役立つということである。

　たしかに本研究の事例でも、変容に対して抵抗をみせる教師が観察されている。そして制度変容は急激に生じるのではなく、部分的に徐々に生じていた。それに対し、上述の知見のなかからDacin and Dacinの提唱した守護者という概念、そして脱制度化は補助的制度から始まっていくという知見を援用できるのではないか。古いものから新しいものへと一新される変容ではなく、

部分的に消失していく過程をとらえたDacin and Dacin（2008）の知見は、本研究がとらえようとする連続的変容を分析できる有用な分析枠組みとして期待できる。

3　脱制度化研究に残された課題

　Dacin and Dacin（2008）の枠組みには課題もある。どのような性質を持つ制度が中核あるいは補助的制度となるのか、その基準が明示されていない。Dacin and Dacin の分析では、最後まで残った制度を結果的に中核的制度と位置づけている。しかし、なぜそれが最後まで残り続けたのか、逆になぜ別のものは途中で消失してしまったのか、その決定要因は何かという説明は欠如している。

　本研究では次の二つの点から、このことに対して説明をしていく必要があると考える。一つは中核的制度、補助的制度の決定要因を考察することは、純粋に脱制度化の理論枠組みを精緻化することへ貢献できる。そしてもう一つはもし「地方公立進学高校制度」の変容を観察するなかで、最後まで残り続けた制度が、制度そのものの性質から必然的に残ったのだとすれば、それは、事例校における個別の事情から生じた帰結ではなく、「地方公立進学高校制度」といえる受験指導が存在する高校に対しても適用しうる一般性を持った帰結ということになる。このことを判断するためにもこの課題に取り組まなければならない。

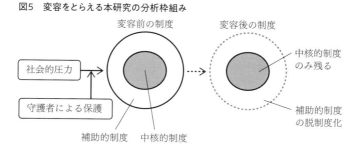

図5　変容をとらえる本研究の分析枠組み

第3節 1990年以降の新制度派組織社会学が想定するアクター像

　教師の行為に注目する本研究は、もう一つ整理しておかねばならないことがある。それは、新制度派組織社会学が想定するアクター像である。以下では新制度派組織社会学がミクロレベルの分析に注力を始めた1990年代以降の研究を整理し、その到達点として、どのようなアクター像を想定すべきであるかを確認していく。結論をあらかじめ述べれば、1990年代以降のミクロレベル分析の成果は、制度の制約を免れぬことができない一方で、その制約のなかで主体性を発揮しようとするアクター像を示し、それは制度の創造、維持、崩壊の一連の過程で観察されうるということを示してきた。

　本章ではこのようなアクター像を確認したのちに、具体的に受験請負指導の制度化の過程と脱制度化の過程における教師の関与がどのような位置づけを与えられるものかを判別していくための分析概念を確認していく。

1　アクターの主体性への注目

　新制度派組織社会学はMeyer and Rowan（1977）が1977年に発表した「制度化された組織－神話と儀礼としての公式構造」に始まることは、第1章第3節で詳しく述べたところである。Meyer and Rowanのパースペクティブの特徴は、組織が技術的環境ではなく制度的環境に適合することを強調することである。このようなパースペクティブをもつ初期の研究は、マクロレベルの制度的環境に受動的に適合するアクターを想定していた。それゆえに、外部環境の制度的ルールを儀礼的に組織構造に取り入れた組織内部では、実際の技術的活動（学校組織でいえば教室での教師の教授過程）と齟齬をきたすことになる。その齟齬が露呈すれば組織の存立が危ぶまれる。よって、組織の存立を保つために、組織内部では公式構造と技術的活動、技術的活動と成果を切り離す「脱連結」を選択するアクターのふるまいが想定されていた（Meyer and　Rowan

1977）。組織成員の行為は、いずれも組織内部の矛盾や不確実性を隠ぺいするための行為である。初期の新制度派組織社会学の理論では組織成員が「合理的神話」と化した制度的ルールを無批判に組織に取り込む受動的な姿が想定されていたのである。

　しかし、1980年代後半になると、DiMaggio（1988）をはじめとして、ミクロレベル分析の必要性を訴える論調が数多く現れ始めた。DiMaggio and Powell（1991）は、なぜアクターはその現実のイメージを熱心に維持しようとするのかなどの疑問が解決されていないと指摘し、ミクロレベル分析が必要であると主張した。同様にPowell and Colyvas（2008）は、どのようにして個人は社会的関係性のなかに位置づけられ、位置づけられた文脈を解釈しているのかなどのミクロレベルに対する理解を深める必要性を訴えている。そのことによって、マクロレベルでの出来事や関係性に対する理解も十分可能になることを指摘している。

　そして1995年刊行のScottの著書 *The Institutional Construction of Organizations* では、制度派組織社会学の展開の一つとして、ミクロレベルアプローチが紹介されるに至っている。そこでは、初期の制度研究がアクターの主体性（agency）や戦略（strategy）を軽視してきたことを指摘し、制度に適合していくだけではなく、アクターが利害をもち、戦略的に振る舞うことができる可能性に言及している。そして同時期に発言力を高めたのが、北欧諸国の研究者を中心としたスカンジナビアン制度学派である。彼らは同型化や標準化というマクロレベルの組織間関係にみられる現象よりはむしろ、多様性や特殊性を強調する制度学者集団であり（Boxenbaum and Penderson 2009）、ミクロレベルのメカニズムに関心を寄せていた。スカンジナビアン制度学派の研究者も、「組織的実践の創造、拡散、そして安定性におけるアクターや行為（action）の役割を明確に扱っていない」（Christensen et. al 1997, p.392）という問題意識を共有しており、1995年8月にはアクターの役割をテーマとした会議を企画している（Boxenbaum and Penderson 2009）。そして、1997年 の *American Behavioral Scientist,*

（Vol.40, No.4）にはその会議で発表された論文が収められている。そこでは、後述することになる制度的起業家（institutional entrepreneur）概念をはじめ、アクターの主体性（agency）[4] が積極的に取り上げられている。

2014年に刊行された著書 *Institutions and Organizations 4th edition* のなかでも、Scott（2014, pp.92-93）は、あらためてミクロレベルの動向に触れている。初期の新制度理論家は組織的構造や活動が制度的メカニズムに制約される面を強調していたこととは対照的に、近年は、個人と組織の両方がイノベートし、戦略的に行為し、そして制度的変化に貢献しようとする面に着目しつつあると整理する。

1990年頃からミクロレベル分析の意義が主張され、多くの研究がなされていくなかで2010年頃に一つの到達点が現れた。制度的ワーク研究という領域の出現である。Scott（2014, pp.94-95）は、制度的ワークという研究領域の出現を「第2の瞬間」と表現する。制度的ワーク研究の提唱者はLawrence et. al（2009）である。彼らは制度的ワークの枠組みを「個人や組織の制度の創造、維持、崩壊をめざした目的ある行為」を描くものと定義している。制度的ワークという概念がミクロレベル分析の一つの到達点と位置づけられるのは、ミクロレベル分析それ自体の発展も批判的にとらえつつ制度的ワークの枠組みが生みだされたからである。ミクロレベル分析は、後述するように、制度的起業家概念に注目が集まる時期があった。しかし制度的起業家概念は、すべてのアクターが制度的に定義された文脈に埋め込まれているという事実を無視し、制度的起業家とされるアクターの合理的な側面、英雄的な側面を強調しすぎる傾向にあった（Lawewnce et. al 2009,p.5）。その反省から、制度的ワーク概念は、制度的起業家よりは制度による制約という側面を考慮し、アクターの主体性も尊重するという中立的立場を目指す概念となっている。また、制度的ワーク研究では、とくに「行為から制度」という方向性に着目する。さらに制度的ワークが強調する重要な特徴は、制度の創造、維持、崩壊の完了した状態（creation, maintenance, disruption of institutions）を対象とするのではなく、活動して

いる状態（creating, maintaining, disrupting institutions）を対象としている点にあると
いう。

　以上が、Lawrence et. al（2009）による制度的ワーク研究の説明であった。ミ
クロレベル分析への注目から制度的ワーク研究の出現まで、その発展を振り
返ってきた。ミクロレベル分析の発展が本研究に示しているのは、アクター
には制度的制約のなかで発揮しうる主体性が存在し、それを制度の確立とい
う段階のみならず、制度の維持や崩壊という段階においても見出すこと、あ
るいは前提とすべきであるということであった。新制度派組織社会学の立場
からミクロレベル分析を試みる本研究は、以上の前提を共有し、アクターの
存在を理解する必要がある。

2　支援的アクターとしての理解

　それでは本研究の事例で観察される、制度化や脱制度化にかかわる教師の
存在は、1990年以降に発展をみせたミクロレベルの研究において、具体的に
どのような概念で理解していくことができるだろうか。脱制度化という枠組
みのなかでは、制度変容を最小限に止めようとするアクターを「守護者」とい
う概念で理解できることを本章第2節で確認できた。では制度化の過程に関
与している教師の存在はどのような概念で理解できるだろうか。具体的には、
県教育委員会が推進した受験請負指導を補強する形で制度の確立に積極的に
関与する教師や、X高校からの人事異動とともに、X高校の受験請負指導をY
高校へ普及させた教師の存在が観察されている。それらに適合的なアクター
概念についてここから検討していくことにしよう。

　まず、客観化や正当化という制度化の初期の過程で主体的に関与するアク
ターの存在には、制度的起業家という概念を当てはめることができる。制度
的起業家とは、Maguire, Hardy and Lawrence（2004）を引用したLawewnce et. al
（2009）によれば、「資源を新しい制度の創造に活用したり、既存の制度を変革
するのに活用したりする者」と定義される。制度的起業家概念はもともと

DiMaggio（1988）が注目した概念である。DiMaggio は、先述したとおり、それまでの制度理論がアクターの利害（interest）や主体性（agency）を曖昧に扱ってきたと指摘し、その役割を明確化することを目的とした論文のなかで、制度を創造するアクターとして制度的起業家を位置づけている。また、Battilana et. al（2009）は、制度的起業家概念を洗練させるために次の三つの重要な問いを提起している。(1) 制度的起業家とみなされるためにはアクターは制度的環境を進んで変化させようとしなければならないのか。(2) 制度的起業家としてみなされるためにはどのくらいアクターは変化の実行にかかわらなければならないのか。(3) 起業家と制度的起業家の違いは何か。そしてそれぞれの疑問に対して次のような回答を示している。(1) については、アクターの変化に対する故意を問わない制度的起業家概念の確立を目指すべきとする。(2) については、資源を動かし変化を試みれば制度的起業家とみなすことにしている。(3) については、両者は重なる点も多いが、制度的起業家は、既存の制度的環境において支配的になっているモデルから離れて新しいビジネスモデルを導入する者（起業家はこの要素が求められるとは限らない）とし、起業家は新しいベンチャーを始める者としている（制度的起業家はこの要素が求められるとは限らない）。

　以上をまとめれば、制度的起業家とは、「故意性の有無や、失敗／成功を問わずに、資源を動かして既存の制度的環境で支配的なモデルから新しいモデルに変化させようとした者」とあらためて定義することができる。

　しかし、制度的起業家概念は、本事例の 1990 年代にみられた受験請負指導の確立過程で観察される教師のふるまいには一部一致しない。本事例で観察される教師は、県教育委員会が県内の公立進学高校で受験請負指導を公式的に行うことを制度的ルールとする外部環境が整ったのちに、受験請負指導を補強する形で構築に携わったと位置づけられるからである。すなわち、Battilana et. al（2009）が導いた定義のなかの (3) 支配的なモデルから離れ、新しいモデルの確立に携わったという点に関しては当てはまらない。

そこで、DiMaggio（1988）で言及がある支援的アクター（subsidiary actor）概念が有効であると考えられる。DiMaggio（1988）は、制度が生まれたばかりの不安定な時期に、制度は支援的アクターの力を借りて正当性を獲得すると指摘する。支援的アクターはすでに制度化プロジェクトを成功させた既存のアクターや新たにそのプロジェクトに動員されたアクターであり、支援的アクターに制度的起業家はサポートを受けるという。この支援的アクター概念は本事例の1990年代X高校で観察された、制度化に関与する教師の存在を理解するのに有効である。

3 制度的移植者としての理解

　続いて、2000年代のY高校にX高校の受験請負指導を普及させた教師たちの存在を理解しうる概念を検討していこう。

　制度の普及研究において、普及を担うアクターやシステムをScott（2003）は制度的運搬者（institutional carrier）という概念によって説明する（次に説明するように、「運搬者」といってもそれが「人」であるとは限らない）。Scottは、制度的要素は時と場所を変えていくが、それは制度的運搬者の助けがあるためと指摘し、制度的運搬者を、象徴システム、関係性システム、ルーティン、人工物という4つのタイプに分類している。象徴システムとは、知識（ideas）がコード化（理論化）され象徴的な枠組み（schema）へと変換されることによって運搬が促されることを指し、関係性システムは個人間・組織間のつながりによって知識が運搬されることを指す。そして、知識はルーティンのなかの行為や技術のなかに暗黙的に埋め込まれた状態で運搬されることもある。同様に、人間の創意によって作られた物的文化（人工物）に知識が埋め込まれ運搬されることもある。Scottは以上の4つのタイプに整理している。

　本研究で問題となるのは、象徴システムと関係性システムという制度的運搬者の組み合わせである。Scott（2003, p.890）の説明を引用すれば、関係性のシステムは知識の運搬ルートとなる「配管（conduit）」であり、そこを象徴的枠組

みに再コード化された知識が運ばれていくことになる。本研究の事例に当てはめる場合、X高校の受験請負指導をY高校へ普及させた教師たち自身が、X高校の受験請負指導をY高校へ運搬するための「配管」（関係性システム）となり、X高校の受験指導は、すでに1990年代のX高校で客観化（理論化）し象徴的な枠組みとなっていることによって（象徴システム）、この「配管」を通って（教師たちの手を使って）運搬されやすい状態にあったと考えられる。このことより、X高校の受験請負指導をY高校へ普及させた教師たちは、X高校からY高校へ移動することで、X高校とY高校の間の関係性システムという意味での制度的運搬者（institutional carrier）として理解することができるだろう。

　ただし、この概念を単純に適用することには問題がある。第5章の分析で示していくようにY高校に教師たちが移動したのち、Y高校でX高校の受験請負指導を再現するまでの過程をみると、その教師たちはY高校へ異動してから一旦Y高校の既存の制度に埋め込まれるという過程が観察されることになる。つまり、Y高校側からすれば、この教師たちはY高校の教師としてY高校の制度に埋め込まれたのちに、新たな受験指導（そのモデルとしてX高校の受験請負指導が利用された）を創造した、まさに制度的起業家であった。つまり、本研究の事例で観察される教師の存在は、制度的運搬者であり制度的起業家でもあるという二面性を有する存在である。

　しかし、事例となる教師たちに制度的運搬者概念だけではなく制度的起業家概念も当てはめて理解する場合、なぜこの教師たちはY高校の既存の制度に埋め込まれた後に、埋め込まれたままにならずに新たな制度の確立（X高校の受験請負指導の普及）に関与することができるのかという疑問が生じる。この疑問は、制度的起業家研究が蓄積されていくなかで研究者たちが直面した重要な理論的課題であった。この課題は「埋め込まれた主体性のパラドクス（the paradox of embedded agency）問題」[5]と称されており、制度的環境は個人や組織の主体性を著しく制限してしまうという前提に立ったときに、「もし、行為や意向、合理性が、まさしくアクターが変化を望んでいる制度によってすべて条

件づけられている場合、どのようにしてアクターはその制度を変化させることができるのか」というHolmの疑問に始まる（Battilana and Aunno 2009, p.31）。

　よって制度的起業家概念を扱う際には、「埋め込まれた主体性のパラドクス問題」の解決を目指さなければならない。すなわち、Y高校に移動した教師はY高校の制度に埋め込まれたなかで主体性を発揮してX高校の受験請負指導を再現したとすれば、なぜそれが可能になったのかという問題に取り組まなければならない。

　それを考える上で参考になるのがGreenwood and Suddaby（2006）の研究である。Greenwood and Suddaby（2006）は制度的起業家概念を、発達した組織フィールドの中心に位置する組織に当てはめることで、埋め込まれた主体性のパラドクス問題に取り組んでいる。調査は、高度に制度化された組織フィールドの中心から変化が生じた事例である、MDP（the multidisciplinary practice）という新しい組織構造（企業）の導入を対象としている。分析の結果ネットワーク上の位置づけによって、あるアクターがさらされうる制度的矛盾が定義されることを明らかにした。矛盾はアクターが制度に埋め込まれる程度に影響を与え、それゆえに行動が制度的に決定される程度にも影響を与える。そのような方法で、フィールドはアクターの埋没性を増加させることも減少させることも可能になるという仮説を提示している。そして、境界を超えた組織（フィールド）とのつながり（boundary bridging）などが、アクターに代替的な可能性を気づかせることになり、制度変化がもたらされると主張している。

　図6に沿っていい換えれば、制度Aに埋め込まれた組織Yのアクターが、組織Xとつながることによって（①）、制度Bに気づき（②）、制度Aに代替する可能性としての制度Bを組織Yにもたらし（③）、制度変化を引き起こす（④）というものである。つまり、Greenwood and Suddaby（2006）の研究は、制度Bが組織Yに運搬されたともいい換えることのできる研究である。

図6　Greenwood and Suddaby（2006）の制度変化仮説

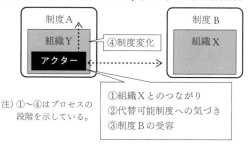

X高校からY高校へ移動した教師にみられたように、アクターの移動によって、図6①組織Xと組織Yのつながりをもたらした場合を考えれば制度的運搬者研究の枠組みのなかでこの仮説をとらえ直せるだろう。つまり、アクターは、組織Xから組織Yへ移動したことで（図6①組織間のつながり）、制度Aに代わる制度Bに気づき（もともと知っており）（図6②）、さらに制度Bを受容することによって制度Aに変化を加えることができる（制度Bの運搬ができる）と考えられる。このように、制度的運搬者概念ともとらえられるポジションにいるアクターだからこそ、移動先の組織の制度に埋め込まれたとしても制度的起業家となり得る、ということがGreenwood and Suddaby（2006）の知見から示されている。よって、本研究が対象とするアクターは制度的運搬者と制度的起業家概念が重なるところに位置づくことが予想され、本研究ではそのようなアクターを「制度的移植者（institutional transplanter）」と呼ぶことにする（図7を参照）。

図7　制度的移植者概念の位置づけ

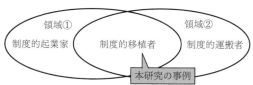

　単に制度的運搬者研究とせずに制度的起業家研究の枠組みを経由する制度的移植者概念は、アクターの二面性をとらえることが可能になるだけではなく、次のようなアクターの姿を想定する枠組みとなる。すなわち、組織Xから来たアクターが、図6④制度変化をトップダウン式に行う（制度的起業家の要素を含まない制度的運搬者である図7領域②にあたる）のではなく、組織Yに移動し、一度、制度Aに埋め込まれた後に、図6④制度変化を引き起こす姿である[6]。このように制度的運搬者概念と制度的起業家概念とが重なり合う制度的移植者概念は、図6の組織Xから組織Yに移動し制度創造を試みた、本研究が事例とする教師に適合的な枠組みと考えられる。なぜなら、組織Yから組織Xに、通常の人事異動により移動した公立学校の一般教師が、トップダウン式に組織Xの制度を変化させることは想定しにくく、むしろ教師は、異動先の組織に程度の差はあれ埋め込まれていくものと推測できるからである。

＊　＊　＊

　本章第1節、第2節では、新制度派組織社会学の制度化と脱制度化がどのような段階を経て生じうるのかを理論的に検討してきた。制度化は、客観化、沈殿化、そして正当化という段階があることを示した。そして脱制度化は、そもそも、制度の脆さを強調する枠組みであり、連続的変容をとらえようとする本研究の視座に合致するものであった。そして脱制度化は政略的・機能的・社会的圧力の発生によって生じることが想定でき、このうち、本事例においては社会的圧力の発生によって制度変容が引き起こされるととらえられる可能性を指摘できた。

　また、それぞれの段階に関与するアクターをとらえるための分析概念も検討した。制度化の客観化段階においては支援的アクター概念が、普及という側面での沈殿化段階では制度的移植者概念が、そして脱制度化段階では守護者概念が本事例に適合する可能性があることを整理した。

アクターの存在を明確にとらえ、制度の創造、維持、変容という様相をミクロレベルから理解する姿勢の重要性は、1990年以降の新制度派組織社会学において繰り返し強調されてきたことであった。本研究の事例においてもその重要性を共有し、教師の制度への関与に対し、明確に概念を与えていきたい。

　繰り返しになるが本研究は、X高校における受験請負指導が「地方公立進学高校制度」として制度化し、さらに脱制度化していく様子をとらえていくことになる。本章で検討した分析概念をたよりに、次章以降、本研究の分析課題に取り組んでいくことにしたい。

　加えて本研究では実践面にも貢献しうる知見を導くことを目指している。脱制度化した「地方公立進学高校制度」がいかなる帰結を教師にもたらすのかを明らかにすることで、実践的知見を得られると考える。そのために、克服しておかねばならない課題が脱制度化研究には残されていた。脱制度化の先行研究では、補助的制度から崩壊し、中核的制度は守られる形で変容することは示されているものの、どのような制度が中核的制度となり、補助的制度となるのか、その決定要因が示されていない。この決定要因を考察し、それが「地方公立進学高校制度」に内在する要因であれば、本研究の事例で示される教師にもたらされる帰結は、「地方公立進学高校制度」を持つ他の学校組織に対しても適用しうる知見と判断できる。本研究の知見が一般化しうるのかを検討するためにも、脱制度化研究で取り組まれていない課題に回答を示していく必要がある。

郵 便 は が き

1 1 3 8 7 9 0

東京都文京区本駒込5丁目
　　　　　　　　16番7号

東洋館出版社
営業部 読者カード係 行

ΙιΙΙ·ΙΙ·ΙιΙΙΙιΙΙΙΙιΙΙ·ΙΙ···ΙιΙιΙιΙιΙιΙιΙιΙιΙιΙιΙιΙιΙιΙιΙιΙΙ

ご芳名	
メール アドレス	@ ※弊社よりお得な新刊情報をお送りします。案内不要、既にメールアドレス登録済の方は 　右記にチェックして下さい。□
年 齢 性 別	①10代　②20代　③30代　④40代　⑤50代　⑥60代　⑦70代〜 男　・　女
勤務先	①幼稚園・保育所　②小学校　③中学校　④高校 ⑤大学　⑥教育委員会　⑦その他（　　　　　　　）
役 職	①教諭　②主任・主幹教諭　③教頭・副校長　④校長 ⑤指導主事　⑥学生　⑦大学職員　⑧その他（　　　　　　）
お買い求め 書店	

Q ご購入いただいた書名をご記入ください

(書名)

Q 本書をご購入いただいた決め手は何ですか (1つ選択)

①勉強になる ②仕事に使える ③気楽に読める ④新聞・雑誌等の紹介
⑤価格が安い ⑥知人からの薦め ⑦内容が面白そう ⑧その他 (

Q 本書へのご感想をお聞かせください (数字に○をつけてください)

4：たいへん良い 3：良い 2：あまり良くない 1：悪い

本書全体の印象	4─3─2─1	内容の程度/レベル	4─3─2─
本書の内容の質	4─3─2─1	仕事への実用度	4─3─2─
内容のわかりやすさ	4─3─2─1	本書の使い勝手	4─3─2─
文章の読みやすさ	4─3─2─1	本書の装丁	4─3─2─

Q 本書へのご意見・ご感想を具体的にご記入ください。

Q 電子書籍の教育書を購入したことがありますか?

Q 業務でスマートフォンを使用しますか?

Q 弊社へのご意見ご要望をご記入ください。

ご協力ありがとうございました。頂きましたご意見・ご感想などを SNS、広告
宣伝等に使用させて頂く事がありますが、その場合は必ず匿名とし、お名前等
個人情報を公開いたしません。ご了承下さい。

1 Berger and Luckmann の新版の訳では objectification は「対象化」とされ、「客観化」は objectivation にあてられている。しかし、objectification を客観化と訳している場合もある。そして、対象化、客観化は連続的な現象と考えられることから、ここでは objectification に「客観化」をあてるが、より具体性が伴った対象化という意味まで指し示す概念として扱う。

2 本研究では客観化という概念でとらえている。

3 Dacin and Dacin (2008) は、守護者を混沌の圧力を回避するアクターと位置づけたが、実際の分析をみると混沌の圧力に限定せず、脱制度化圧力全般を回避しようとするアクターと位置づけている。

4 主体性 (agency) という概念は、Giddens の構造化理論に影響を受けている (Scott 2014)。「構造化理論は、アクターは社会的構造に関する遂行中の生産・再生産に従事するのと同様に、ルールを創造し、ルールにしたがう者ととらえている。そしてアクターは、毎日の状況や自身や他者の行為の結果をルーティン的にモニタリングすることを理解し、考慮に入れることができる見識ある、柔軟な者であるととらえている」(Scott 2014,p.93)。そのようなアクターがもつ、社会的世界に影響を与えることができる能力を主体性 (agency) であると定義する (Scott 2014)。

5 Seo と Creed はこの疑問を「埋め込まれた主体性のパラドクス」と名づけた (Battilana and Aunno 2009, p.31)。

6 制度的運搬者の要素を含まない制度的起業家 (図7領域①) は、組織 Y において、別の組織や制度と関係せずに、独自に新しい制度を生みだす場合などが考えられる。

II
分析編

第3章
東北地方A県における受験指導重点化施策

　本研究は、高校教師の行為を形作る認知的枠組みの確立・継承・普及過程を
とおして制度化過程を、そして変容をみることで脱制度化過程をとらえてい
くことが目的である。そのために注目したのが、1990年代に地方公立進学高
校で確立されてきた受験請負指導である。地方公立進学高校では1990年以前
にも、都市部との比較において手厚い受験指導の存在が指摘されてきた。そ
れは、地方においてはそれぞれの地域の公立進学高校、なかでも旧制一中の
歴史を持ち、「トップ校」や「2番手校」「3番手校」としていまなお顕著な大学
進学実績を誇る高校が、歴史的にも地域の社会的エリート予備軍を輩出する
唯一のルートとなってきたからであった。しかし、1990年代に一部の地方県
教育委員会が実施した受験指導重点化施策は、手厚い受験指導を、さらに次
のような意味での受験指導へと質的に変化させていったと考えられる。それ
は、生徒の大学受験結果に対し、教師が一義的な責任を負い、その「成果」は
難関大学の合格者数の伸びに表れると思わなければならない、そのような受
験請負規範を強調する受験指導である。それを本研究では受験請負指導と呼
んできた。

　序章で述べたように、1980年代の地方では、大学進学率が都市部に比して
大幅に低迷していたことを「学力問題」として深刻に受け止めていた社会状
況が存在した。そして、その対策として、1990年代になると、一部の地方県教
育委員会は難関大学の合格実績の向上を目指し、特定の公立進学高校を指定
校とした受験指導重点化施策を実施していく。本章では、その典型例として、

東北地方A県の受験指導重点化施策を取り上げたい。A県は、全国に先駆けてこのような施策を実施し、注目を浴びる。そして東北地方各県を始めとして他県にも影響を与え、受験指導重点化施策は続々と実施されるようになった。

　東北地方A県で1988年度から実施された受験指導重点化施策の内容は次のとおりである。最初の3年間で3000万円という予算を充て、助成金は事業対象校に直接支給された。対象校となったのは、X高校を含む県内の進学校数校である。進学指導、受験指導の充実が目指され、具体的到達目標として①入試センター試験の県平均点を全国平均点に近づける、②国公立大への合格者数を2000名の大台にのせる、③東大、京大、一橋大、東工大への合格者をそれぞれの占有率の1%以上にする、という3点が掲げられた[1]。

　これらの施策は、受験指導重点化施策と名づけられたわけではなく、当初は「学力向上施策」とA県では呼ばれていた[2]。「学力」とは本来、多様な定義を含む言葉であることを考えれば、「大学受験に必要な能力」を「学力」として一元的にとらえる見方は極めて偏ったものである。しかし、本章第2節で確認していくように、「学力問題」という教育行政として取り組むにはもっともらしいフレーズにおき換えられ理解されていたために、受験指導重点化施策は正当性を得ることができた。

　この施策を実施することにより、A県では、X高校をはじめとして県内の公立進学高校を取り巻く規制的な意味での制度的環境が、生徒の大学受験に対し教師の責任を強調し、その「成果」を難関大学合格者数にみることを当然視する受験請負指導をルールとするものへと変化していった。本節ではそのことを明らかにするため、施策を主導した当時の教育長の論理を追い、施策の決定過程において上述した意味を持つ受験請負指導が制度的ルールとなる新たな制度的環境への変化をみていきたい。

第 1 節　施策以前の公立進学高校を取り巻く制度的環境

　受験指導重点化施策が実施される前にも、A県の教師たちが受験指導を行っていた様子が県教育委員会や高等学校長会発行の『A県高等学校誌』から確認できる。しかしそのことを公にすることはできなかった。なぜなら受験指導に取り組むことは批判の対象となっていたからである。1948年から1986年までA県で公立高校教員として働いた元教師は、A県教育委員会・A県高等学校長会発行の『A県高等学校四十年誌』(1988)で、進学校に勤務した際の経験を次のように語っている。

　　「38年に及ぶ教歴のうち主として進学希望者の多い学校に勤務させていただいた。各学校には、それぞれ教育目標があって、その実現に教師、生徒ともに努力するのは当然であるが、進学希望者の多い学校では、生徒の進路希望を叶えさせてやって、初めてその使命を果たした事になる。「生徒の進路達成のためならよいと思うことは思い切って何でもやってくれ。あらゆる批判は私が受けて立つ、どんどんやり給え」という校長の言葉に奮い立った。」(p.39より引用)

　　「ある日曜日、3年生に模擬テストを実施していた。丁度その市(当該教師が勤務していた学校が所在していた市；引用者注)のお祭りに当たっていた。市長から「全市をあげての祭りなのに高校ではテストをやっているとは何事だ！」という直接のお叱りの言葉。こちらには受験生には土曜も日曜もない、盆も正月もない、ましてやお祭りなどは論外というのが基本的考え方であった。意識の違いはかなりのものであった。」(pp.39-40より引用)

　以上の回顧録では、受験指導重点化施策以前から教師たちが受験指導に取り組んでいる様子が示されているが、受験競争に対する社会一般の拒否感の

なかで、批判覚悟で取り組まなければならないという、「やりづらさ」が語られている。

　また別の元教師は、施策前後で受験指導の「やりづらさ」に変化があったことを回顧している[3]。この元教師は1980年から1986年まで事例県の有数の進学実績上位校に校長として勤務していた経験を持つ。

　　「（昭和；引用者注）50年代後半から、従来の画一的な学校教育から脱皮したユニークな学校づくりを目指すものとして、「特色ある学校づくり」が叫ばれた。しかし、生徒の95パーセント以上が進学希望のいわゆる進学校が、授業時数増などによる進学校としての特色づくりを県教委は認めなかった。所属校は地区で唯一の進学校として、タテマエとは別にあの手この手の方策を探し、日陰者の悪業のように進学対策を講ずるのに悪戦苦闘した。地理的・時間的・心理的に大都市圏に遠く、牧歌的空気の濃い所属校の地域にあって、時には他校から白眼視されそうな中で、勉学時間の確保に懸命になった。　60年度に入り、県教委の進学指導方針に変化が見られた。教育長自らが本県教育の地盤沈下を指摘して学力の向上を求め、特に進学校の奮起を促すものであった。進学指導にはじめて陽が当たるのを感じたが、私はこのように変化の見えた1年間を経て、61年3月に退職した。　この方向はその後さらに強められたようである。県の市町村教育委員会総会においても、県教育長は学力の向上を第一番に挙げられた。63年度にはそのためにかなりの予算まで計上されたと新聞は伝えている。50年代を考えるとき全く隔世の思いがするのは独り私のみであろうか。」（p.53から引用）

　このように、受験指導に対する消極的な価値が支配的だった制度的環境が施策以前には存在した。だが、受験指導重点化施策を機に、公立進学高校での受験指導を正当な行為とみなす新たな制度的環境にA県の公立進学高校がおかれた様子を、上記の語りは示している。

第 2 節 受験請負指導をルールとする制度的環境の成立

　本節では、受験指導重点化施策の実施を契機として成立した新たな制度的環境が、受験請負指導を支持する論理から構成されていることを、施策決定をリードした元教育長R氏の認識をもとに明らかにしていきたい。

1 「学力＝大学受験に必要な能力」論理の構築

　受験請負指導をルールとする制度的環境は次の論理の登場から読み取れる。すなわち「学力＝大学受験に必要な能力」という論理であり、したがって学力向上の「成果」は大学進学実績に反映されるとみる論理である。この論理がどのように登場してきたのかを確認していこう。

　1980年代のA県で活発に議論された教育問題は、青少年の非行問題、いじめ、自殺、不登校に関することであり、いわゆる「教育病理」や「教育荒廃」などへの対処が問題とされていた。しかし、1985年の県議会において事例県の大学進学率が全国平均を大幅に下回っている状況が問題視されるようになる[4]。その原因としてまず議論されたのが、県内の大学数の少なさであった。そして県内の既存国立大学の拡充・整備、加えて新たな大学の設立を求める議論が展開された。この議題は数年検討され、1987年2月の県議会定例会の議事録[5]を確認すると、具体的検討を始める段階にまで至っている。

　一方で、事例県の教育関係者は、大学進学率低迷の原因を「学力」不足に求める議論を展開した。大学進学率の低迷を「学力問題」と位置づけたのは、1985年度に教育長を務めたR氏であった。R氏が公の場で「学力問題」に初めて言及したのは、教育長に就任したその年の事例県高等学校長会の研究大会の挨拶である。挨拶の一部を以下に引用する。

第1には、学校の本来的機能は勉学にあり、各校とも学習指導の充実を図り、基礎学力の向上と定着に一段の工夫をすすめられ、その成果を挙げられたい。…第1の学力向上につきましては、各校とも生徒の実態をふまえ真摯な努力を続けられと（ママ）おりますことに敬意と感謝をいたしているところでありますが、一段と、指導の充実を図られ、大学進学等にも大きな成果をあげられますことを願うものであります。ちなみに、A県の人口、経済規模、県財政規模等は、全国統計の中での県勢は1%の勢力といわれています。地方という、また、多くが公立高校という、もろもろのハンディを背負いながらも、東大への合格者数で全国の1%勢力を確保することも本県の学習指導、進学指導にあたる私たちに課せられた、大きな課題と考えているところであります。(R氏　1985年事例県高等学校長会研究大会挨拶、A県高等学校長会編『A県高等学校長会会誌』No.23,p.32 より引用)

　以上の語りにおいては、学力向上を求める文脈のなかに大学進学実績の向上が述べられている。ここから、「学力」とは「大学受験に必要な能力」であるという論理と、それゆえに、学力の向上は大学進学実績に表れるはずだという論理が読み取れる。

　R氏は先陣を切ってこの「学力問題」を政策課題に押し上げた人物である。R氏は、1986年度の『A県高等学校長会誌』(No.23) にはR氏の寄稿文 (p.6) が掲載されている。他の教師の寄稿文が未だ青少年の非行問題や、規範意識の低下問題などへの関心を語っているなかにあって、学校教育の効果検証が十分になされていないのではないかというR氏の訴えは際立っている。「学力問題」への関心を喚起しようとする様子がうかがえる。さらにA県教育委員会・県高等学校長会による1988年発行の『A県高等学校四十年誌』に掲載されたR氏の寄稿文 (p.8) には、次のようにある。R氏は当時を振り返り、「私の最も力を入れたのは、…（中略）…学校教育の内容充実、なかんずく学力向上の問題であった。関係者の会合に出席するたびに、私は声を大にして、この問題の重要性について主張してきたつもりである。」と語っている。R氏がこのように「学力問題」

に並々ならぬ関心を抱き、教育関係者に強く訴える様子を、当時教育委員を
務めていたS氏は「昭和61年に県内の高等学校長会の席上、新任のR氏がずばり
「もっと学力向上に力を入れよ」と檄を飛ばされたときは並みいる校長と共に全身緊
張感が走ったのを覚えています。」と回顧している[6]。

2　大学進学実績という数値目標の設定

　R氏は学力向上の「成果」を大学進学実績の向上と同義と考え、そのうえ、
各学校に対し難関大学合格者数を数値目標として明確に設定するべきとの論
理も打ちだした。

　そのきっかけとなった出来事の一つが、先にも引用した『A県高等学校四十
年誌』に掲載されたR氏の寄稿文に示されている。それによれば、R氏は山陰
まででかけた折に、「県下随一の伝統のある高等学校」を訪問した。「同じ裏日本に
あり、一見気候・風土も似ており、人口も本県より少ないところであるが、学校訪問し
て驚いたことは、大学等への進学率がきわめて高いということであった。…（中略）…
とくに東京大学をはじめとする、いわゆる難関大学への合格者数を、その高校の校長
先生から示されたとき、私の受けた衝撃はきわめて強烈なものであった」と語って
いる。そして、R氏は帰県後、詳細なデータを検討し、「本県の大学進学の成果は、
全国土俵で考えた場合、決して十分なものとはいえないということが、私にははっき
りした。いままで漠然と感じていた不安が、冷酷な数字で表されたとき、これではA
県の名にふさわしくなく、早急になんとかしなければならないと痛感」し、「学力向
上」は教育行政で取り組むべき重要課題であるとの認識を深めたという（以上
p.9より引用）。

　加えてR氏は次のような認識を内面化していたことも関係する。R氏は行
政施策として到達目標を数値化し、その基準を全国の1%の割合に求める姿
勢が定着していた。それは教育行政に就く以前の一般行政時代に養われたも
のと考えられる。R氏の回想録やR氏の手記でも次のように繰り返し語られ
ているように、「県勢というのは、人口に比例している。日本の人口は、一億二千

七百万人、東京はその十パーセントの千二百九十万人、A県は約一パーセントの120万人。このようなことから私は、県のさまざまな指標も一パーセントを目標にすればいいのではないかと思っていた」[7]という。

　このような背景から、R氏は、大学進学率低迷を「学力問題」として教育行政の課題と設定しただけではなく、学力向上の「成果」を難関大学合格者数からとらえ、さらに目標数値を設定すべきことを、教育関係者に明確に示すことになった。

3　施策の決定

　R氏の考えが受験指導重点化施策に結びつくには、次に教育長を務めたT氏の存在なしには語れない。T氏はR氏の先の考え方を踏襲する人物であり、また、個人的にも、R氏が提起した「学力問題」を再認識する場面を経験している。『A県高等学校四十年誌』のT氏の寄稿文（pp.11-13）によれば、それは1986年度の大学入試の最中に向けられたマスコミからのインタビューだったという。T氏は記者に「（昭和；引用者注）61年度の東大合格数を県別にみるとA県は46位で、しかも1桁合格数はA県と沖縄県だけだ。教育長として感想を聞かせて欲しい」と迫られた。T氏は大学進学率が全国最下位層にある要因に、県内に大学が少なく、大学が多い東京と遠隔であること、所得水準が低いことなどの要因を考えたが、それでも同じような条件にある鳥取県と比べると大学進学率が低すぎると考え、やはり「学力向上」が必至であると考えた。

　そしてT氏は教育長を退く前、次年度の教育施策のなかに「学力向上施策」を新規に取り入れることを決定した。県内の有力進学校9校を指定して各校に約300万円ずつを補助し、受験指導の充実に努めることを目指した。

　またR氏の問題提起に呼応し、施策決定までに具体的な検討を行っていたのはT氏だけではなかった。R氏が公に「学力問題」を指摘した1985年のA県高等学校長会研究大会後、A県の高等学校長会でも「R教育長の全国統計中の県勢1％からみての東大定員1％合格をとの提言もあって、普通部会とりわけ県進連加盟

16校の校長先生方による精力的な取り組みが行われた。自らの反省と実践交流に加えて、県教委の支援による県外視察も2か年実施され」[8]るなど、努力がなされた。そして、1988年度に「学力向上事業」（本研究で受験指導重点化施策と呼ぶもの）が新規事業として実施されるに至った。

＊ ＊ ＊

　以上のように受験指導重点化施策が決定される過程のなかで、「学力」の定義を「大学受験に必要な能力」と一元的にとらえる論理や、その論理が成り立つゆえに、学力向上の「成果」は大学進学実績という数値に反映されるはずだという論理が構築されていった。そして「成果」を上げるための手段である施策の内容が、学校現場の受験指導の改善・改革に求められたことは、その「成果」に対する責務を教師の受験指導が一義的に負うべきであるというメッセージを教師たちに明確に示すことになる。このような論理を含む受験指導重点化施策がA県で決定し、実施されることによって、X高校をはじめとした県内の公立進学高校は、生徒の大学受験に対し教師の指導が一義的に責任を負い、その指導の「成果」は難関大学合格実績の伸びにあらわれるとみなければならなくなった。すなわち、受験請負規範を伴った受験請負指導をルールとする制度的環境のなかに放り込まれることになった。

1 A県教育委員会・A県高等学校長協会が1999年に発行した『A県高等学校五十年誌』に掲載された、X高校
　校長・県高等学校長会長も務めた者の回想録（pp.16-17）より確認できる。
2 その後、正式名称として「普通科教育活性化事業」とあらためている。
3 A県教育委員会が1988年に発行した『高等学校四十年誌』に掲載されている。
4 1985年度県議会10月・12月定例会の議事録（A県議会事務局『A県県議会議事録（付予算特別委員会議録）昭和六十
　年十月定例会』・『A県県議会議事録（付予算特別委員会議録）昭和六十年十二月定例会』より確認できる。
5 A県議会事務局『A県議会会議録（付予算特別委員会会議録）昭和六十二年二月定例会』
6 A県教育委員会が1999年に発行した『教育委員会50年のあゆみ』より引用。
7 R氏手記（2009）より。匿名性の観点から書名は伏せる。
8 A県教育委員会・A県高等学校長会が1988年に発行した『A県高等学校四十年誌』に掲載の、元事例県高等
　学校長会長による寄稿文（pp.35-36）より引用

第4章
X高校の受験請負指導の確立と継承

　前章では、A県教育委員会が受験指導重点化施策を実施することで、A県の公立進学高校に対して受験請負指導に取り組むことをルールとする制度的環境が成立したことを述べてきた。ここからはA県の公立進学高校のなかでもその施策の中心的役割を期待されたといえるX高校に照準を合わせていく。本章以後の分析では、X高校を中心に受験請負指導が確立され、次代の教師に継承され、そしてY高校へも普及をしていくことで、それが「地方公立進学高校制度」として制度化していく様子、さらにその後、様々な圧力から一部の制度が脱制度化していく様子、最後に、それがもたらした教師への帰結を分析していく。

　X高校における受験請負指導の約25年間の軌跡のなかで、本章が対象とするのは1990年代のX高校である。A県教育委員会は県内の公立進学高校が受験請負指導に取り組むことを正当な行為とみるようになったが、そのことは、各学校現場で受験請負指導がすぐさま確立されることを意味するわけではない。そこには確立に関与する教師の存在が不可欠である。この時期、X高校の教師たちは受験請負指導の確立にどのようにかかわっていったのだろうか。

　そこで本章では、1990年代のX高校において受験請負指導が有する受験請負規範を教師たち自ら補強するとともに、その規範から逃げられないような仕組みが構築されていったことを示していく。また、1990年代のX高校には、すでにいくつかの規範が存在し、教師の行為を形作っていた。個別的に存在していたそれらの規範が、受験請負指導を構成する制度として正当化され統

合されていった様子も本章で示す。さらに、それが、X高校の次なる世代の教師たちに継承されていく過程までを分析していくことにしたい。

　この過程を分析するにあたって援用する概念をあらためて振り返っておく。制度化過程を示す本章の分析では、客観化と正当化、そして継承という意味での沈殿化概念を分析に用いていく。第2章第1節で示したように、客観化、沈殿化、正当化という過程を経て、パターン化された行為は制度化されていく。客観化とは、個人の外部にある社会的現実として経験されるようになること（Berger and Luckmann 訳書, 2003）を指すが、客観化の具体的現象はStrang and Meyer（1993）によれば、パターン化された行為が、はっきりとした因果関係として説明される理論化として現われるという。難関大学合格という「成果」に対して、X高校の教師の指導がそれに直結する原因と位置づけられていく様子、あるいは、それまで受験指導とは関係がなかった教師の指導の領域が、難関大学合格という「成果」と因果関係を取り結ばれることによって受験請負指導の一つの制度となっていく様子をみることで、受験請負指導が理論化されていく様子をとらえていく。そして、そこに難関大合格者数の伸びという、受験請負指導のねらいどおりの「成功」を得ることで正当化されていく現象をみていくことにしたい。

　加えて、受験請負指導の確立を担った教師は支援的アクター（subsidiary actor）として理解できることも同時に示していきたい。実際、先にも述べたように、A県教育委員会が受験請負指導をX高校に要請したとしても、X高校教師たちの具体的な関与がなければ受験請負指導が確立され、さらには「地方公立進学高校制度」として制度化されることはないはずである。X高校教師による制度化への関与は、制度化の完了に不可欠であった。一方で、A県教育委員会による施策が始まったからこそ、X高校教師たちは受験請負指導を正当な行為とみなすことができた。そうした施策の転換がなければ、教師たちが受験請負指導を強力に推進することもなかったであろう。受験請負指導の制度化を発案し主導したわけではないが、重要なアクターとしてX高校教師

たちは制度化に関与したという微妙な立ち位置にある。そのようなアクターをとらえうる支援的アクター概念を用いて、当時の教師たちの存在を描けることができるのかを検討する。

第 1 節 受験請負規範の強化

本研究は受験請負指導を、単に生徒の大学受験に対して教師たちが関与することを指すのではなく、受験結果に対し教師たちが一義的な責任を背負うこと、難関大学の合格者数の伸びを「成果」とみることを当然視する受験請負規範を伴うものと定義した。X高校における受験請負指導の確立をみるためには、はじめにその前提となる受験請負規範がA県教育委員会によって示された以上に、教師たちによって能動的に受け入れられ、補強されていった様子をとらえる必要がある。

そのことは1990年代にX高校に勤務していた教師A・Bの語りから確認することができる。本節では、それまで何か特定の成果指標と結びつくわけではなく緩やかに存在していたX高校教師の指導領域が、難関大学合格という「成果」に対する原因として位置づけられ、明確な因果関係に体系化されていく様子を、教師A・Bの経験から示していくことにしたい。

なお、X高校教師のインタビューでは、「進学指導」という表現が多用されることになる。念のため説明しておくと、受験請負指導という表現は筆者が用いたものであり、その内容は、教師が「進学指導」と語ることである点は注意されたい。教師が語る「進学指導」という言葉を使わずに「受験請負指導」という概念を筆者が使用したのは、教師たち（や地方の公立進学高校研究者の間で）は必ずしも1990年以前の「進学指導」と1990年以降の「進学指導」の間に

「違い」があり、本研究が指摘するような受験請負規範を伴ったものへと質的に変化したとは認識されていないからである。認識されていないというのは、1990年以前と以後の「進学指導」が「同じである」という明確な認識を抱いているということではなく、質的に違っていることに気づいていない、ということである。むしろ、伝統的に継承されてきた指導を粛々と受け継いでいるだけであると考える教師さえいるかもしれない。しかし、教師たちが素朴に信じる連続性に、実は質的な段階（受験請負規範がともなった受験指導へと制度化していくという段階）を発見していくことが本研究の独自の視点であるため、その視点を際立たせるために、「受験請負指導」という筆者の独自概念を用いることとにした。

1 受験指導重点化施策の受容

　X高校教師たちにとって、A県教育委員会の受験指導重点化施策はこれまでにX高校で取り組んできた受験指導を発展させ、次項で述べていく制度化への各段階へと跳躍させる「ジャンプ台」の役割を果たしたといえる。教師A・Bの語りでは、受験指導重点化施策がX高校教師たちの行為を妨げる障害物と受け止められたわけでも、教師たちの行為を無理やり方向転換させる強制力と受け止められたわけでもなく、いままでどおりの「X高校のやり方」を「質的に向上」させる施策であったとの認識が示されている。

　施策では指定校に助成金が配られ、使途は自由に決めることができた。X高校ではそれまでの「X高校のやり方」を基本的には変えず、予備校の視察や他県の進学高校の視察が新たに行われたという。

　教師Bは予備校の視察を次のように振り返る。教師Bは当時、東京にある有名予備校三社の東大志望者向けの夏の講習講座に出席したという。そして、「塾の先生と総務の方とでお酒飲みながらいろいろお話して、次の日にまたお邪魔すると、こんなにテキストをね東大講座のテキストを普通はあんまりもらえないと思うんだけども、お土産としてそれをもってきて各教科に全部還元できた」と語る。一方、

　教師Aは、他県の公立進学高校への視察を振り返っていた。九州の進学高校数校を訪問し、その夜には酒席での懇親会が行われたという。それが「自分のためにも役立った」と語り、そのおかげでその年の英語（教師Aの担当教科）が九州の有名公立進学高校の成績を上回ったと回顧していた。

　当時のX高校と県の受験指導重点化施策との関係について、教師Aは「もともと自信を持ってやっていた学校だからね。先生方が切磋琢磨して、だからそれを充実させたということにはなるでしょうね。金が来たから例えば先進校訪問にしても、増えたり、質的に深まったりもしてますね。」との認識を示していた。同様の認識は1997年に発行された教師向けの指導の手引書にも記されている。

　　　昭和63年度から始まった「活性化事業」で、いわゆる進学16校は一斉に先進校の視察学習合宿、0時限、予備校の授業参観、教材作成、進路講演会など盛りだくさんの新規事業に取り組み始め、多忙さにぐんと拍車がかかりました。しかしX高校では、従来からやっていた先進校の視察、進路講演や自主教材の充実・強化のほかには特に目新しい取り組みはせず、学習指導の質的な向上の研究に取り組みました。

　このようにA県教育委員会による受験指導重点化施策は、教師Aや教師の手引書で語られているように「質的な向上」をもたらしたと認識されている。本研究では受験指導の「質的な向上」とともに、受験請負指導への変化とその制度化が、次項以降に示していくように、この時期に観察されたと考えている。

2　生活指導と学習指導の連結

　教師Aは前任校数校では部活動指導に力を入れてきた一方で、「組織的な進学指導なんてほとんどなかった」と振り、まさかX高校に異動することになるとは思いもしなかったと語っている。その教師Aが、同年にX高校に異動してきた同僚教師と協力して始めたのが生活指導の改善であった。その当時、「生活

指導面で不十分な点も少なくなかった」[1]と教師Aは振り返っている。本研究にとって重要なのは、単に生活指導を改善したのではなく生徒の成績にも効果的であるという論理を構築したことである。部活動に対しても同様の論理が適用されている。

> 教師A：その頃までは私は外様（引用者注；X高校卒業生ではないという意味）だから言えるのかもしれませんが、生徒は勉強すればいいと、学習成績を上げればいいと。しいていえばね。（中略）同期赴任の先生がたと図って、生活指導をきちんとしようと。学習指導と生活指導は車の両輪だ、だから、生徒に正面からぶつかって何とかしようと。1・2年したら、やっぱり相乗効果でね、成績は伸びてきたという実績はあるんですね。…（中略）…つまりそれが生徒の学習面も含めての総合力アップにつながる、という確信のもとにやったつもりなんですがね、部活動も同じです。

生活指導と学習指導の連動が「成果」を生むという論理は教師Bにも明確に認識されていた。

> 教師B：掃除、服装指導の徹底。駐輪指導、いま、先生から私はお話があった自転車の止め方などなど、これまた枚挙にいとまがないと。結局は本校の使命を果たすべく、あくまでも授業を中心とした学習指導と部活動を根底にすえた生活指導を両輪とした、進学指導が様々な工夫と並々ならぬ努力によって、積み上げられて継承されてきたと…

X高校卒業生である教師Bは、自身の在学時代は「ほっといて勉強するやつは勉強するし、掃除さぼったって怒られるわけでもないし。自由と言えば自由だった」という認識を持っているように、以前のX高校には生活指導と学習指導を充実させることが生徒の成績に対して相乗効果を生みだすという論理は存在していなかった。

3　学習指導力と難関大学合格実績という「成果」の連結

　教師の学習指導に求められる力量は実際のところ、生徒の学力と同様に、多様な定義を含むものである。しかし、X高校においては、教師の学習指導力とは難関大学合格者数という「成果」と明確に結びつくものとして存在していた。

　もちろん、1990年代以前にこの結びつきがまったくなかったわけではないし、それを認識する機会がなかったわけではない。X高校が歴史的にみても難関大学合格者を輩出することを期待されてきた背景からも、そのことは想像に難くない。従来からX高校教師たちが特定の難関大学に生徒を合格させなければならないという目標を認識する機会となっていたものの一つに大学入試の問題検討会がある。X高校では、教師Aが赴任する1980年代前半より前に、すでに同じ教科の教師同士での大学入試問題の検討会が実施されていた。X高校の教師たちは、東北大学、さらには東大・京大などの超難関大学への合格者輩出を主たる目標としているが、そのことを教師たちが認識する機会となっていたのがこの問題検討会であった。教師Aが語るように、教師たちは特定大学の過去問を検討することでX高校の教師が当該大学へ合格者を輩出しなければならないということを認識する。

　教師A：8人、ないし9人、10人の教科（引用者注：教師Aが担当する教科のこと）全体でやるのは、その年度の入学試験の二次試験問題の検討なんです。そのなかで分担して循環するんだけど、東大はもちろん京都、東北、その辺の二次試験の問題を項目ごとに長文だ、文法だ、何だとジャンルごとに分けてね、検討するんです。前年とどう違った、結局私も（地元国立大）だから、（地元国立大）卒業なのに、入れなかった東大の問題を検討しなくちゃなんないわけですよ。前年との比較検討をね、各大学の傾向と対策を、それで煮詰めて、そんなことをやらされたのは苦しかった思い出の一つだな。最初は。

そのような問題の検討を経て、教師は教師自身が作成したオリジナル問題で生徒に試験を課した。その際、特定大学への合格者輩出という目標に照らして良問か否かが問われ、良問を作成できた教師が評価される仕組みがX高校にはあった。加えて興味深いのは、良問が作成できる力というものが、授業での学習指導力と結びつけられて語られている点である。

> 教師B：国語、数学、英語で、そういう独自問題の。他の教科も独自問題なんですけれども、一つの学年をたくさんの先生で担当しますよね、英語、国語、数学で学力考査、学力考査オリジナルで作ったときに、選考会議というか選ばれて、それもシビアな場面で、昨日国語科が夜の11時まで問題を検討してなんだっていう話は、<u>次の日学校に行くと、誰々先生の問題がはずされて、いや気の毒だねとか。やっぱり当事者になれば、せっかく作って、オリジナル、自分で本を読んで、これはいい問題だ、いい文章だっていうので作問したのに、いろんな会議のなかで、ほされれば決して快くはないと思うんです。そういう場面があって、まあ授業も指導力を、先生がた養っていったんだろうなと思いますね。</u>

　このように、教師A・Bが赴任する1990年頃より前から、X高校の教師たちは問題検討、問題作成という公式的な活動を介して、難関大学合格という目標を認識していた。それと同時に、その目標と、日々の学習指導を結びつけられることこそが、X高校教師の学習指導力であるという認識も存在した。

　ただし、上述したような認識が1990年以前より存在したといっても、その結びつきの程度は緩やかであったと思われる。1990年頃を境に難関大学合格実績という「成果」と日々の教師の学習指導という領域が直線的な因果関係として強固に構築されていったと考えられるのである。その理由は、A県教育委員会の施策による影響のみならず、教師A・Bの語りにみられる次のような変化が大きく影響していると考えられるからである。

　X高校教師は以下の教師Aの語りにみられるように、塾などの学校外教育

には頼らずX高校の授業に精力を傾けるように生徒に指示することがある。そのことは、生徒の成績と教師の指導力の関係性をより直接的でわかりやすいものにしようとする行為である。つまりは「生徒の成績は教師の指導力が反映した結果である」という論理の強化を教師自ら推し進めることになる。

> 教師A：私がいる頃でも、夏休み講習、冬の講習などの時期は、(県外の；引用者注) 他の予備校、塾に行きたがる生徒も結構いるわけです。(X高校所在県) には塾がないから。(中略) とくにそういう気持ちのある家庭の子どもさんなんかは。だけどそれはやらさないんですよ。お前たちはよそに行っちゃ駄目だぞと、うちの学校でやる講座が一番なんだから、それは一番実質的で効果があるんだから、絶対行っちゃ駄目だぞ。…

　この論理を自ら強化する教師Aの動機は、生徒の進路実現に積極的に責任を負おうとする「使命感」からであると教師Aは語っている[2]。このように教師自ら、生徒の大学受験への結果に対する責任を背負いこもうとする姿がみられるようになる。

　加えて、教師Bは、難関大学合格実績と教師による日々の学習指導が直結しているという論理を、統計手法を用いて可視化することを試みた。教師Bは、各生徒の1学年からの校内試験の成績の推移と大学入試の結果から、例えば2学年の校内成績でどの位置にいる人が東大に合格しやすいのかということを散布図で示す方法を作りだした。このとき使用するのは、教師たちが独自に作成した試験の成績データである。教師Bが統計手法を用いて校内試験と難関大学合格実績の相関関係を可視化しようとした意図は、どのような生徒が東大、東北大などに合格できるのかを判断する従来の方法を「補完」するためであったと語る[3]。従来の方法とは、教師間の情報交換や公式会議での長時間にわたる検討を経て判断を得る方法や、1学年から卒業まで生徒と接するなかで得られる経験から判断を得る方法である。日々の学習指導が反映さ

れるものと考えられていた自作問題を含む校内試験での生徒の成績と、難関大学合格という「成果」の結びつきが、統計手法を用いて示されることで、それまで曖昧性がはらんでいた学習指導と難関大学合格実績という「成果」の結びつきは、疑問を差し挟む余地のない明確な因果関係として教師たちに示されることになる。

　以上の過程を経て、1990年代のX高校では、教師が生徒の受験結果に対して一義的な責任を負い、その指導の「成果」を難関大学合格実績からとらえなければならないという受験請負規範を教師たち自ら補強し構築していった。X高校の卒業生で2011年調査当時に15年以上X高校に勤務していた教師Gは自身が在学していた頃と比べて、1990年代のX高校が東北大・東大合格者をX高校生の「**才能**」ではなくもはやX高校の「**指導の産物**」としなければならなくなったと語っていた。教師Gの認識は生徒という立場からみた、1990年以前のX高校の受験指導への意味づけと、1990年以降に教師となった立場からみた意味づけである。よって立場の違いが反映された意味づけの差ともいえるが、当の生徒にとって1990年以前のX高校の受験指導が、「教師も責任を背負う」という意味を伴った指導でなかったとの印象は、たとえ1990年以前も手厚い受験指導がX高校に存在していたとしても1990年以降の受験指導とは質的な異なることを端的に表していると思われる。この語りにも示唆されるように、1990年頃を境に、X高校では生活指導や学習指導などの教師の指導領域が、難関大学合格実績という「成果」と明確な因果関係を取り結ぶものへと整理され、受験請負規範は強化されていった。そしてそれを担った教師A・Bはいずれも、自身の行動を、すでにある受験指導を補強し改善するためのものとみなしていた。たしかに教師A・BのふるまいはA県の受験指導重点化施策がルールとした受験請負指導の要請を背景としており、この意味で教師A・Bが受験請負指導の制度化を主導したわけではない。しかし、教師A・Bのふるまいがなければ受験請負指導の制度化が始まりをみることもなかった。よって、教師A・Bは制度的起業家とまではいえないが、それをサポート

する支援的アクターと位置づけ理解することができるだろう。

第 2 節　受験請負指導を構成する規範

　X高校の教師たちによって補強された受験請負規範は、受験指導という行為を形作る根源的な認知的枠組みとして教師たちに刻み込まれるものである。しかし、それだけでは、受験請負指導を構成する数々の具体的な行為が導かれるものではない。それらを導くいくつかの規範が、受験請負規範を根源に置きながら1990年代のX高校には構築されていた。前節では受験請負規範の構築をとらえたが、次にみていくのは受験請負指導の具体的な行為を導く規範についてである。

　本節で描きだす、受験請負指導のあり方を教師たちに示している諸規範は、1990年代にX高校に勤務した教師（A・B・C・E・G・H）と、それらの教師を先輩に持った教師Jの語り、そして当時の教師たちが作成した教師向け・生徒向け手引書、1987年にX高校校史編纂委員会が発行した『X高校百年史』や「同窓会誌」を参考にして確認していく。X高校教師たちは、難関大学合格実績という「成果」をあげるためには、次に述べるような a）〜e）のことをしなければならないと認識している。

a）X高校教師たちは1コマの授業を65分で構成しなければならないと認識している。65分授業は1958年度に導入された。導入のきっかけは、進学率の低迷と、その原因の一つと考えられた、伝統的な数学の学力不足という課題である。この課題への対処が、「トップ」という位置を維持する戦略であることが、『X高校百年史』には明記されている。65分授業の導入は「単に七十余年の

県内最古の伝統を誇るだけでなく、つねに県内トップの進学校としての地位を保たなければならない本校にとって、学力向上そして進学成績の向上は至上命令でもあった」ため、「県外の先進的ないくつかの学校で当時長時間授業が実施され、かつ成果をあげている事実」があったことを受け実施された。そして「六十五分授業による授業内容の充実は、生徒の自学自習の姿勢を促進するとともに、十分課題授業の内容を吸収すると考えられた」という論理が構築され導入に至った。また、導入したのは1958年から1963年まで校長を務めた者であり、この人物は前校長と合わせて2代にわたりX高校の礎を築いた人物としてX高校の歴史に刻まれている。1989年の「X高校同窓会誌」には、この元校長が65分授業を導入したのは「英断」であり、「進学率向上に確実につながっている」と記されている。

b）教科間の優先順位があり、その順位を守らなければならないという認識もX高校教師は持っている。上から英語、数学、国語、理科および社会という順で優先される。この優先順位にもとづき、授業時間や課題量が調整されている。優先される英語、数学、国語は教員の数も多いため、1学年に2名以上が配置され「**チーム式指導**」の体制で指導にあたることができる。2011年6月調査では、英語科教師に対して授業方法に関するインタビューや複数回の授業観察を行った。その際、「チーム式指導」といわれる一端として、1時間の授業進行に一定の型[4]があること、同学年の教師は互いに授業進度の足並みをそろえなければならないこと、前年度の授業進度とつねに比較しながら授業を管理することなど、教師個人の自由裁量がある程度制限されている様子が観察された[5]。

　英語が最優先されるのは、X高校がとくに照準を合わせる東北大学の入試科目との兼ね合いがあるが、X高校生徒は伝統的に英語に強いといわれていたからだという。そして国語に対して数学が優先されるのは、数学の学力不足という「伝統的な」X高校生徒の課題を克服することが、「**本校の進学の飛躍を約束**」（『X高校百年史』）するという認識があったからである。『X高校百年史』

にはX高校に1957年度まで11年間就任していた校長による談話が載せられており、そこには「本校生徒の数学の力は英語のそれと比較してやや劣る」「英語の力とのバランスがとれていない」といった発言が紹介されている。「数学を中心とした学力向上が本校の進学の飛躍を約束し」、「すでに旧課程時代以来是非解決すべき課題」とされてきた。英語と数学に対するこのような意味づけを背景に、教師Jによれば英語・数学に対して国語は一歩引かなければならないとの規範がある。

　この優先順位にもとづいて英語・数学・国語に対して優先的に時間や課題量が配分されるが、そのことを社会・理科の教師は是認する。社会の教師Hは「国数英は予習復習できちっと基礎を作る。社会理科は授業で勝負っていうのがX高校のスタイル」と語り、理科の教師Lは、入試で点数をとることにおいて理科は「時間がかからない教科」「1年頑張れば入試的には伸びる教科」ととらえ、家庭学習時間が国語・数学・英語に独占されることを是認している。

c）教師たちの力量を高めるためには、力量を可視化し、教師たちに競争させることが必要だとの認識も存在する。英語・国語は校内模擬試験の問題を教師たちが作成する。すでに本章第1節で紹介したように、試験問題検討会という会議で問題を持ち寄り、誰の問題を校内試験の問題として採用するか選抜が行われる。この過程で、「良問」を作成できる教師が目指される。教師Bは問題検討会を経て「授業も指導力を、先生方、養っていったんだろうなと思います」と語っていた。他にも、全教員が出席する成績検討会がある。主に外部試験やセンター試験の結果が開示され、各クラスの平均得点が競われる。ここで教師たちは、担当するクラスの成績が伸びなければ責任を感じ、成績を上げることができれば、力のある教師として評価される。教師Bはその会議が、勤務して1・2年の頃まで相当なプレッシャーとなっていたことを語っている。

　教師B：私は（引用者注；前任校である大学進学者が少ない専門高校）から来たものですから、

最初センター試験、本番までに進研模試が何回かありますよね。そうすると私なん
かあんまり進学指導したことないから、悪いんですよ。正直言って。

筆者：でてしまったみたいな。

教師B：あーとかって。そのときのプレッシャーはすごかったです。

筆者：1年目、2年目ぐらい、何年目ぐらいまでは結構そういったプレッシャー。

教師B：1年、2年ぐらいですけども。

（中略）

筆者：全体のさっき言ったような進路会議だとか。

教師B：何とかしないと駄目だとか。

筆者：それは具体的にどういったポジションの先生から。教務主任とか。

教師B：教務主任じゃないでしょうね。やっぱり会議で、これの（引用者注：教師Bが担
当する教科）が良ければもっといいのにな、とか。やっぱり大人だからそんなに面と
向かって言わない場面もありますけど、本人が一番わかります。だって数字がでて
くるんですから。

d）ただし、競争状況があるなかでも、教師たちは自身の教科だけに執着せず、
5教科総合成績のバランスに配慮する必要があるとも認識している。もし、成
績が伸び悩む教科があれば、他の教科の教師は生徒への課題量を抑制するな
ど、連携が求められる。教師の指導の手引書には「**教科間のバランス・総合力を
いつも意識し、教科セクトに陥らない**」とある。

e）放課後の時間は部活動や生徒の自学自習に優先しなければならないとの
認識もある。上記の65分授業の導入とともに、補習授業は廃止された。それ
は部活動の時間を十分に確保するためである。X高校にとって部活動の時間
は、難関大学受験にとっても重要な意味をもつ。『X高校百年史』には1984年
度に全校生徒に実施したアンケートの結果から部活動にかかわる悩みを掲載
している。体育部では学習に関するものが82%と最多となっているがそれに

対し、1984年度の体育部員の進学率をとりあげ「とくに難関といわれる大学への合格率が、体育部ほど高くなっているのは、学習への集中力やさまざまな工夫が、短時間で能率の上がる方法をみにつけることになった」と記されている。そしてこのような認識にしたがって、1992年4月に赴任した教師Eは教師Fら同僚の教師と協力し、「能力のある子は (中略) 講習だ、課題だって、あんまり時間をね、奪ってしまったらかえって伸ばせなくなる」との認識のもと、正規の授業時間外での補習や課題量を抑制したという。

これら a)〜e) に示された認識が受験請負指導の具体的な行為を導く規範となっている。これらの規範が受験請負規範を根源に持ちながら、受験請負指導として制度化過程をたどる様子を、次節でみていこう。

第 3 節 受験請負指導の制度化過程

前節までに登場した規範は、これからみていくように客観化（objectification）し、正当化（legitimation）されながら、続く世代に継承されていった（沈殿化（sedimentation））という点で、制度化の過程をたどっていった。

1 客観化(objectification)

Strang and Meyer（1993）によれば、客観化とは理論化（theorizing）を指し、理論化はパターン化された行為が、はっきりとした因果関係として説明されることを指す。この点は、先に示したように、X高校の教師たちが難関大学合格という結果に対し、日々の指導を原因として位置づけたことに加え、その因果関係を認識上の論理とするだけではなく、統計手法を使って可視化させ、

「客観的事実」として存在ならしめたところから観察できるだろう。

　教師たちが受験請負規範や、具体的な指導のあり方を導く諸規範を知る機会は、後述するように教師同士のコミュニケーションのなかで発生することに加え、文書が媒体となることもある。Berge and Luckmann（訳書, 1966）はこ・とばという記号体系に整理されていくという意味での客観化に言及している。受験請負指導の具体的な規範が、本研究が参照した教師の指導の手引書や生徒の学習の手引書、また、『X高校学校史』や「X高校同窓会誌」といった資料にこ・と・ば・によって体系的に整理されていること自体も、理論化の過程とみなすことができる。

2　正当化(legitimation)

　Berger and Luckmann（訳書, 2003）は継承されること自体が、客観化であると指摘する。ただし、第2章第1節で確認したように、継承には正当化図式が不可欠である。X高校の受験請負指導には、1990年代をとおし、次のような正当化図式が付与されていたことが先ほど参照した教師向けの手引書から確認できる。その正当化図式とは①国家に有益な人材を地域から送りだすために、②東京大学に10人以上の合格者を輩出可能にする受験指導であるとの図式である。①は社会的望ましさにもとづく正当化図式であり、②は有効な手段であるとの認識にもとづく正当化図式である。この正当化図式は、進学実績の向上という「成功」によってX高校では確固たるものとなった。X高校にとって1995年度の東大合格者数は伝説となった。「**この15名という記録は全国の公立高校のなかで**（数値は伏せる；引用者注）**位という大記録であり、母校が東北一の高校から全国屈指の高校へ変身しつつあることを意味している**」と当時の校長が喜びを「X高校同窓会誌」に寄せている。翌年も大きな記録がでる。そして1997年に作成された教師向け指導手引書には「**本校の歴史に燦然と輝く金字塔**」と記される。図8は1990年以降のX高校における東京大学合格者数を示している。90年代後半には、目標とする10人以上という人数を大幅に上回る年が続くこ

図8　X高校の東大合格者数推移

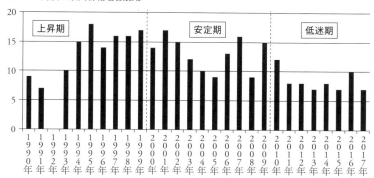

注1）X高校東京大学合格者数は小林（2009）とX高校同窓会誌に記載された現・浪合格者情報、
　　　X高校HPに記載された情報をもとに作成

とになる。この人数の変化は、もちろん県教育委員会関係者にとっても受験
指導重点化施策を「成功」と評する根拠とされた。

3　沈殿化(sedimentation)：受験請負指導の継承

　このような正当化図式を与えられたX高校の受験請負指導は、次の三つの
場面で継承されていく。まず各教科で開催される試験問題検討会がある。校
内模擬試験の問題作成をするなかで、後輩教師たちは先輩教師たちの厳しい
指導を受け、X高校の受験請負指導が目指す到達水準を理解する。成績検討
会も同様に、新任教師たちに受験請負指導を継承する機会となる。担当クラ
スの生徒の成績が振るわないことで、新任教師は自身の「指導力」の未熟さを
自認する。そして先輩教師の指導や励ましを受け、受験請負指導への適応を
強める。また、指導的立場になることで、今度は受験請負指導の伝達者となる。
この仕組みは、複数名の教師が配置される英語・数学・国語に当てはまる。教
師Cは先の試験問題検討会では「(引用者注；X高校勤務年数が) 真んなか過ぎると、僕
らのほうもそういう注文をつける側に回っていましたね (2014.10・単独)」と語る。ま
た、教師Hは1998年4月に赴任した際の辞令交付時に、教務係長の先輩教師

が新任者たちに対し「先生方が担任したり授業で担当したりする、その目の前に座っている生徒の半分は(中略)東大もしくは東北大に行く生徒です」といわれたことを鮮明に記憶していた。加えて、先述した教師向けの手引書にも、正当化図式は明文化され継承が試みられている。

　以上の客観化過程、正当化過程、沈殿化過程を経て、X高校の受験請負指導は「地方公立進学高校制度」として制度化の道を着実にたどっていった。教師Cは「外から来た人が独自性をいきなり発揮できるほどX高の枠組みというのは甘くない(2014.10・単独)」と述べた。その語りは、X高校の受験請負指導は、容易に動かすことができない、客観的事実として存在していることを示している。

　次章以降、本章第2節で示した a)を「65分授業制度」、b)を「教科間の優先順位制度」、c)を「競争制度」、d)を「連携制度」、e)を「放課後確保制度」と呼ぶことにする。そして次章では、X高校の受験請負指導がY高校へ普及していく過程を分析する。X高校の受験請負指導が1990年代のX高校の文脈を離れ、他の空間にまで沈殿化する様子をとらえることで、X高校の受験請負指導が「地方公立進学高校制度」として完成をみたことを示すことができるだろう。

---

1 この認識は、2014年10月インタビューではなく、インフォーマルなメールでのやり取りのなかで教師Aより示されたものである。
2 この認識は、2014年10月インタビューではなく、インフォーマルなメールでのやり取りのなかで教師Aより示されたものである。
3 この認識は、2014年10月インタビューではなく、インフォーマルなメールでのやり取りのなかで教師Bより示されたものである。
4 2011年6月調査時に授業観察を行った英語科リーディングの授業では、初めの15分程度で単語の小テスト、リスニング問題が行われ、それから教科書の文章を一文ずつ日本語訳し、その文章に含まれる主に文法的ポイントを示しながら文章を精読し、最後に教科書の練習問題を解くという展開だった。一斉講義型の形態をとる。
5 個々の教師の授業にはもちろん多様性もあるが、インタビューではある程度「型」を認識しながら独自の実践を行おうとする教師の認識が語られている。

第5章
Y高校への普及と「地方公立進学高校制度」の完成

　前章では、1990年代のX高校で受験請負指導が客観化と正当化の過程を経て、続く世代の教師たちに継承されていく様子をとらえてきた。X高校の受験請負指導は、1990年代にX高校に勤務していた教師たちの手を離れ、外部にある客観的事実として次の世代にも影響を与える制度となっていく。本章では、さらに1990年代のX高校という時間・空間を離れ、2000年代後半という時代に他空間へも広がりをみせていくX高校の受験請負指導をとらえていく。それは1990年代のX高校の受験請負指導が「地方公立進学高校制度」として完成することを意味する。

　客観化され正当化されたある行為パターンが制度になるには、最終的に沈殿化という過程をたどる。前章では沈殿化の一つの側面として、継承という過程をとらえた。次に本章が焦点を当てるのは、沈殿化のもう一つの側面である空間的な広がり、すなわち普及（diffusion）過程である。

　普及過程を明らかにするにあたり対象としたのは1990年代にX高校に勤務していた教師で、同時期にX高校からY高校へ異動した教師C・EのY高校での経験である。Y高校は、部活動が非常に盛んな学校で、インターハイに出場した実績を持つ部も数多く存在する。一方で、大学進学実績の上でもY高校はA県内では地域の「2番手校」としての位置にいる。そのような高校において、教師C・EはX高校からY高校へ異動後、ともにY高校の受験指導改革に携わることになった。教師Cは教職経験が30年以上になるベテラン教師で、Y高校に異動して2014年調査当時で10年以上が経過していた。調査当時の直

前まで要職を務めていた。教師Eも同じくベテラン教師で2014年調査当時すでにY高校から離れ、別の高校に勤務していたが、Y高校には5年間勤務していた。教師Eが1年生から3年間学年主任を務めた学年に、教師Cは途中から加わる形で一緒に3学年を担当し、Y高校の歴史に残る進学実績をあげている。そして、2014年調査当時、教師Cは、Y高校が最近「**進学校化**」してきたとの印象を語り、ある年を「**進学校化**」のターニングポイントとして挙げていた。その年は教師Eが学年主任を務め目覚ましい進学実績を記録した年である。

　教師Cが語った「進学校」は何を意味し、そして「進学校化」のターニングポイントとなったその時期に、どのような受験指導を教師C・Eらは確立したのだろうか。そこに、X高校の受験請負指導の普及をみることができるのだろうか。

　もし彼らによって確立されたY高校の受験指導が、X高校の受験請負指導を普及させた結果とみなすことができる場合、それを確立するまでの過程における彼らの存在はいかに理解できるのだろうか。制度的運搬者としての性格だけではなく、制度的起業家としての性格も持つ、制度的移植者として理解できるのだろうか。そのように理解できるとき、なぜ教師C・Eが、制度の普及および異動先の高校で制度の創造を担う制度的移植者となり得たのか。本章ではこれらの疑問を明らかにすることを通し、1990年代のX高校の受験請負指導の普及過程を明らかにする。

　本章で使用するデータについて詳細は序章第5節4で述べたが、ここで簡単に振り返っておきたい。教師Cは、2013年9月（1時間程度）、2014年10月（2時間程度）にインタビューを実施した。教師Eは、教師Cに紹介を受ける形で、2014年10月に教師Cも交えたインタビューを1時間程度実施した。なお、教師Cのインタビューデータを引用する場合は、インタビュー実施年月を記載する。2014年10月調査のインタビューデータについては、教師Cのみを対象とした単独インタビューと、教師Eと一緒に行った合同インタビューがあるため、単独と合同の区別を記載する。教師C・Eの他にも、2013年9月・12月にY高校にて、当時Y高校へ勤務していた教師13名（教師Cも含む）へもインタ

ビューを実施した。Y高校の管理職、教務主任や学年主任など要職につく教師、Y高校に長期間勤務している教師、各教科主任を対象としている。以上のデータを用いて、X高校の受験請負指導がY高校へ普及した様子を明らかにしていく。

第 1 節 Y高校の「進学校化」

Y高校は公立進学高校という位置づけでありながら、部活動にも非常に力を入れている。2013年9月・12月におけるY高校教師へのインタビュー調査で、教師から最も挙げられたY高校の特徴も部活動であった。このような校風を持つY高校について、教師Cは教師Eが担当した学年から、大きな流れが変わったと述べ、「**はっきりY高がこう、進学校としてこうシフトチェンジを試みた**(2013.9)」との印象を語っている。その印象は1年後の2014年10月インタビューでも語られた。

教師CにとってY高校が「進学校化」したとのイメージを確固たるものとしたのが、東北大の合格者数の飛躍的な伸びである。教師CによればY高校において東北大合格者数は毎年「**12・13以上は伸びな**」いという「**13の壁**」があるといわれてきた。しかしこの年は合格者数が20人以上と、これまでの倍以上に増えた。その実績は民間企業の教育雑誌の取材を受けるほどであった。その時期を境に、低迷する時期はあったが、「13の壁」と呼ばれる頃よりは合格者数も増えてきたと教師Cは語る。

教師Cのいう「進学校化」とは、何を意味しているのだろうか。まず挙げられたのが「組織化」という言葉で語られた変化である。「**一定のこう、共通理解、あるいは打ち合わせなんかをして、えー、大枠を決めて、そのなかで個人の工夫にな**

ると思うんですね。それはやっぱり進学校のスタンダードな姿だと思うんですよ。」
と語り、赴任当時よりも「いまはやっぱり、組織化されてると思います。(2013.9)」
という印象を語っている。教師Cは、教師個人が各自の理解にもとづく授業
を展開するのではなく、「共通理解」「大枠」を指針とする点を「進学校」に必
要な要素であるととらえている。

　ここで指す「共通理解」とは、東北大学合格者輩出ということを日々の学習
指導が目指すべき明確な目標として教師たちが共有することである。それま
で教師個々の授業や学習指導は、それを遂行すること自体で完結していたと
いう。その状態から、難関大学合格実績の向上を結果とした因果関係の体系
のなかに教師の日々の指導を位置づけられたことが「進学校化」の意味には
込められている。例えば、以下の例はわかりやすい。教師Cは、Y高校が長年
実施してきた放課後2コマの講習を挙げ「進学校化」の意味を説明した。それ
は、講習を実施するということが自己目的化していた状況から、参加する生
徒を東北大志望者に限定し、そこで使用する問題集を東北大向けのものに変
え、実際に点をとることができるトレーニングを行う内容に変化させたとい
う。つまり、難関大学合格実績の向上を結果とし、それに対する原因となるよ
うに講習を明確に位置づけ直した例が語られている。

第2節　新たな受験指導の確立

　東北大学という特定の大学への合格者輩出という目標に対して日々の学習
指導を連結させることを「共通理解」や「大枠」とするなか、Y高校ではどのよ
うな受験指導が新たに確立されたのだろうか[1]。

　本節では、教師Eの語りや、教師Eの提供資料を中心に分析を進めていく。

教師Eの提供資料は、最後の勤務年度に教師Eが作成したもので、実績を収めた学年で実践してきた内容に関して3年間を振り返り、時系列的にまとめたものである。これは当時、他の同僚教師にも配布したという。

①教師間関係の変化

まず、先述した教師Cの「組織化」に関することとして、教師Eは、教師同士の連携が不可欠と考え、「**数値目標の一番目は月1回飲み会するということ**」を提案し、非公式的な教師間の連携を創りだそうとした。この連携は公式的な連携にもつながっている。教師Eの提供資料には、「**担任どうしの資料や情報の提供と共有。(中略)これは、担任の先生の負担軽減になるとともに、指導内容の共通化、および指導のノウハウの共有化にもなる**」と記録されている。

②生徒－教師関係の変化

また、教師から生徒への接し方に関しても変更がなされた。まず実施されたのが、生徒に自信を持たせる働きかけの強化である。教師Eは、学年通信に担任団から生徒へ送るメッセージを掲載し、生徒に自信を持たせるような働きかけを強化したという。さらに、質問に来る生徒に対する接し方も、それまでの「厳しい指導」から「褒めて伸ばす指導」に変更した。教師Eは次のように語っている。「**それまでのY高の指導っていうのは厳しい指導っていうか、『なんでこんなのできないんだ！』って。(中略)まあそうじゃなくて、うん、質問に来たら、『どこまでわかったの？あ、そこまでできたら立派だ、よしよし』。できたところを褒めて…**」。さらには、成績上位者を対象にした指導を、個別指導から集団指導へ変更した。教師Eの提供資料には、「**上位者指導は、従来の一本釣りによる個別指導（添削指導）ではなく、一斉指導（講習）で集団として育てていくことを中心にする。そのために、講習のクラス編成は国数英で難関大志望者（上位者）を同じクラスに集めて行った。**」と記されている。

③時間配分の変化

以上のような変更に加え、教師C・Eらは時間配分の変更も行った。教師Uは、教師Eが学年主任を務めた学年に1学年から所属している教師である。教

師C・Eはともに、数学科の教師Uが、当該学年の受験指導の確立をリードしたと語っている。教師Uは2013年度調査当時、X高校に赴任して5年以上経ち要職も務めていた。教師Uは担当教科で課題を導入し、生徒の持ち時間のなかに学習時間の割合を増やした。教師Uの取り組みに続き、他教科でも課題が導入された。それに伴い、学年の成績も徐々に向上していったという。インタビューで教師Uは、赴任当時のY高校生徒の様子を語っていた。それは、Y高校生徒が部活動を終えて帰宅したあとは疲れて寝てしまうような日常を送っている様子であり、そのことに対し教師Uは、学習習慣がついていないことを懸念したという。そこで、学習習慣を確立する足掛かりとして日々の学習課題や週末課題を新たに導入することを教師Uは決めた。

　他方、次のような時間配分の変更もみられた。Y高校ではその当時、学習時間を増加させるだけではなく、模擬試験や講習の精選、居残り学習の制限を通して教師が生徒を拘束して学習させる時間を減らすことも試みられた。また、民間企業発行の教育雑誌に掲載された内容によれば、例年、3年生2学期からセンター試験対策を行っていたが、この学年のときは、センター試験1か月前から集中して取り組むという変更を試みている。

　もちろん時間配分の変更はY高校において容易に遂行されたわけではなかった。既存の時間配分を支持する教師の抵抗があったという。まず、放課後講習の精選に関して、導入を試みようとした教師Eは、他教師へ提案した際、「反対意見ばっかりで、『これまではその2コマの講習、放課後2コマ講習で実績を作ってきたんだー！！』って。」という状況で同意が得られなかったと語っている。それに対し、教師Cが、そのような事態になった理由を、「部活引退した9月から、出遅れを取り戻すために2コマ講習でこれはY高の伝統的な底力だ、みたいなそういうあの、古株の先生方の意見も強かったんですよ。(2014.10.合同)」と説明した。

　同様に課題を導入した際にも、賛否両論があったと教師Uは語っていた。学習時間の増加は、部活動時間を十分に確保するように決定されたY高校の時間配分と抵触するものだったからである。教師Cも、「スポーツにかけるウェ

イトとか高かった。だから、放課後の部活動を阻害するような放課後の独自の講習とか、朝学習とかそういったものは部活動の邪魔になるから、遠慮してください」というY高校の「家風」を赴任当時感じたという。すなわち、Y高校においてそれまで支配的であった、教師たちの行為を形作る認知的枠組みとしての受験指導、あるいは放課後の時間は部活動に優先して配分すべきという認知的枠組み（以下、Y高校の旧制度と呼ぶ）と、教師C・E・Uが新たに確立した認知的枠組み（「共通理解」と呼ぶもの）としての受験指導の対立が生じたのである[2]。

第3節 Y高校の旧制度への埋め込み

　Y高校の旧制度を支持する教師の抵抗にあいながらも、教師C・EはY高校の受験指導に徐々に変化を加えていった。それが可能となった要因は教師C・Eもまた、Y高校の教師たちに共有されていた旧制度に程度の差はあれ埋め込まれていたからであった。教師C・Eはともに、変化を可能にした理由として、同僚教師の理解が得られたこと、同僚教師のなかに変化を期待する雰囲気があったことを挙げていた。このことが意味するのは、周囲の反発を最小限に抑えることの重要性である。教師Cは、「それをいきなりガラッと変えてもだめだから、徐々に徐々に少しずつ、あまりぶつからないような形で少し変えて（2014.10合同）」いったといい、「急激に誰か来た、カリスマが来たからガラっと変わるというもんじゃなくて、ずっといたとしてもその人に周りが反発するようじゃ何もならないわけだよね。（2014.10単独）」と語る。学校独自の「その家風のなかでいかに折り合いをつけて、自分の意図するところを反映させていく（2014.10単独）」ような方法で、緩やかな変化しか促せないと教師Cは指摘する。つまり、教師Cの経験から読み取れるのは、Y高校においては、新たな制度を確立する以前に組織の既

存の制度のなかに自身を埋め込ませなければ、新たな制度を確立することは困難だということである。以上より、教師C・Eらは、Y高校の旧制度のなかに自身を埋め込みながらも、難関大学合格を目標（結果）とし、その手段（原因）として日々の学習指導を体系化するという「共通理解」の確立と、それに沿った受験指導を確立することを試みたと結論づけることができる。

第 4 節　X高校の受験請負指導の普及

　以上で述べたような教師C・EらによるY高校での「共通理解」の確立、そして具体的な指導方法の数々は、X高校の受験請負指導が普及した結果であると判断することができるのだろうか。この結論を導くには次の分析手続きを経る必要がある。

　はじめにY高校の受験指導とX高校の受験請負指導の共通点を整理する。共通点が存在する場合、それは教師C・Eが行ったY高校での新たな受験指導の確立が、X高校での経験を反映している可能性を示唆している。次に教師C・Eは、X高校勤務時代に、X高校の受験請負指導に埋め込まれていたことを確認しなければならない。こうした分析手続きをとるのは、教師Eの語りに「ずれ」がみられるためである。教師C・Eは、X高校で身につけた受験指導がY高校で新たな受験指導を確立する際に影響を与えていることを、2014年10月インタビュー時には明確に認めている（認識①とする）。そのうえで、両者とも、X高校で身につけた受験指導をY高校での受験指導の良し悪しの判断基準としてある程度持っていたと語る。しかし、教師Eの場合、Y高校勤務当時はX高校のやり方を意識してY高校の受験指導を確立させたのではないと、当時の故意性は否定している（認識②とする）。このように認識①と②にずれが

あり、認識①を以てY高校の受験指導にX高校の受験請負指導を反映させていたと判断するには十分でない。よって、X高校の受験請負指導とY高校の新たな受験指導に共通点があること、そして教師C・EがX高校勤務時代にX高校の受験請負指導に埋め込まれていたことを確認する分析を経由することで、教師C・EがY高校の受験指導にX高校の受験請負指導を反映させていたと判断していくことにする。これらの分析を通し、X高校の受験請負指導の制度化における沈殿化（他空間への普及）現象が明らかになるだろう。

1 X高校の受験請負指導とY高校の受験指導の共通点

X高校で1990年代に確立された受験請負指導には受験請負規範が前提として存在する。すなわち、生徒の大学受験の結果に対し教師たちが一義的な責任を背負うこと、難関大学の合格者数の伸びを「成果」とみることを当然視する規範である。この受験請負規範と、教師Cが「進学校のスタンダード」と述べた「共通理解」は一致する。Y高校で教師C・Eらが中心となって受験指導が確立されていくとき、この「共通理解」にもとづき、東北大学合格者輩出ということと、日々の学習指導は、結果と原因という関係性のなかに整理されていった。授業での課題や、授業時間外の講習などでの教師の指導と、生徒の難関大学の受験結果への結びつきが強調されることで、教師は受験結果に対して一義的に責任を負うべきであるという認識や、同時に、その責任は難関大学合格実績の向上という明確な「成果」によって果たされるという認識が構築されていくことになる。

同様に、共通するものとしてY高校の受験指導に見受けられたのが、X高校の受験請負指導における d) 連携制度である。教師Eは、月1回の飲み会を目標に、教師同士の連携を深めようと試みた。それはもちろん、受験指導における連携を生みだすための戦略であった。X高校では c) 競争制度があるからこそ、「**教科セクトに陥らない**」ために連携制度を併存させていたが、連携制度の発想がY高校の受験指導にもみられる。

他にも e) 放課後確保制度が共通している。Y高校では新たな受験指導を確立するにあたり、生徒に対する課題を増やし学習時間を増やしたが、一方で模擬試験や講習の精選、居残り学習の制限を通して学校が生徒を拘束して学習させる時間を減らすことも試みられた。正規の教育課程の時間外まで受験指導が際限なく侵食していくことを避ける発想がY高校の受験指導でもみられた。

他方、X高校の受験請負指導と異なる点もある。それは受験請負指導を構成する教科間の優先順位制度におけるその順位である。すでに述べたようにY高校では、数学科が生徒への課題を導入したのを皮切りに、徐々に他の教科にも課題導入の動きが広がり、学年全体の成績が向上した経験があった。X高校では英語が最優先される傾向があったが、Y高校の場合は数学が最優先される。教師CはY高校が男子校であるために「うちの学校は数学が安定してる」「数学が伝統的に強い」(2013年9月調査) という認識があると語っている。また、教師の生徒への接し方の変化は、X高校にはなかった規範である。Y高校の生徒集団の特性に応じたY高校独自の受験指導のあり方である。

2 X高校の受験請負指導への埋め込み

Y高校の受験指導にはX高校の受験請負指導と一致するところ、そして一致しない内容もあることが確認できた。果たしてY高校の受験指導はX高校の受験請負指導が普及した結果と判断することはできるのだろうか。先述したように、教師C・Eは、X高校で身につけた受験請負指導がY高校で確立した受験指導に影響を与えていることを、2014年10月インタビュー時に認めている。だが、教師Eの場合、Y高校勤務当時はX高校のやり方を意識してY高校の受験指導を確立させたのではないと、当時の故意性を否定するという認識上のずれも見受けられる。そこで、次に、教師C・EがX高校勤務時代に、X高校の受験請負指導に強く埋め込まれていたことを明らかにしていくことで、2014年10月のインタビュー時に語られた認識、すなわちX高校の受験請負指

導がY高校の受験指導に影響を与えているという語りが信頼できることを示していきたい。この分析過程を踏むことで教師C・Eが確立したY高校の受験指導はX高校の受験請負指導の普及の結果と判断できるだろう。

　教師C・Eはともに、Y高校に赴任する以前、キャリア発達上重要な30代〜40代という時期にX高校で10年以上、力を注いできた。また、教師C・Eが勤務したのはX高校の受験請負指導が客観化、正当化の過程をたどっていた1990年代である。とくに1995年のX高校の歴史的な「成功」は正当化に大きく寄与している。教師Eは、この「成功」と称えられた学年を担当しており、まさに成功体験を深く知る人物でもあった。

　こうした時代にX高校に勤務していた教師C・Eが受験請負指導に強く埋め込まれていく経験を、教師C・E自身の語りにもとづき示していこう。筆者は、教師C・Eそれぞれに、X高校勤務時にX高校の受験請負指導をどのように習得したのかを質問したが、それに対し両教師から挙げられたのが問題作成の取り組みである。このことが示唆するのは、試験問題に自分の問題が採用されることで得られる評価をめぐる競争制度が教師たちを受験請負指導に埋め込んでいく様子である[3]。

　とくに教師Cの所属していた教科は、独自問題を作成していた。その独自問題作成場面は、X高校教師たちにとって、力量形成の場ととらえられていることは、すでに第4章第2節で示したが教師Cも同様の認識を持っていた。教師Cによれば、問題作成を通し、X高校で育成すべき標準的な学力水準が東北大学にあり、その学力水準に生徒を到達させるために授業ですべきことを、X高校教師たちは認識するようになるという。さらに問題作成で重要となるのが、教師Cによれば「**易しすぎても難しすぎても**」悪い点、つまり生徒の成績分布が山型になるような水準の問題を作成することだという。生徒の成績分布という数値が教師の力量を反映しているとみなされる仕組み、そしてよりよい（同僚教師からの）評価（＝より理想的な成績分布）を獲得することをめぐる教師間の競争が、教師Cが所属する教科には存在した。教師Cは、「**できた問題に**

優劣がはっきり個人差が現れますから。やっぱりうかうかしてられないですよね（中略）だから問題がすべて物語るわけで。だから問題作りというのは非常に大きなプレッシャーで、僕はY高に転勤するとき『あーやっとこれで問題作りから解放される』とほっとしたものです。(2014.10.単独)」と、教師の力量が数値化されるとみなされたなかでの競争のプレッシャーを語っていた。

　力量が数値化され、教師同士が競争する仕組みを備えているのは、問題作成においてだけではない。試験が終わると、各クラスの平均点が教科ごとに提示され、それが職員会議の議題となる。そして、教師Cが語ったように東北大・東大への合格者数が担当学年の教師の力量を示すとされ、教師の評価にむすびつく。たしかに教師C・Eの会話のなかには、X高校の各学年を担当した教師たちを、合格者数にもとづき評価する語りがみられた。

　このように教師の力量が数値化され常に評価され、教師間の競争が促されることによって、生徒の難関大学合格という「成果」を得られるという認識、すなわち第4章第2節で示した c) 競争制度によって、教師C・EはX高校の受験請負指導に強く埋め込まれていったと判断できる。したがって教師C・EらがY高校で確立した受験指導はX高校の受験請負指導が普及した結果とみることができる。

第 5 節 制度的移植者としての教師

　前節において、X高校の受験請負指導が教師C・Eの働きによってY高校に普及していたことが確認できた。それと同時に、その普及過程で教師C・Eは制度的運搬者（制度の普及を担うアクター）であると同時に、異動先の高校においては制度的起業家（制度の創造を担うアクター）という二面性を持った制度的移

植者（institutional transplanter）としての役割を担っていたことも示すことができた。第2章第3節3でも述べたように、制度的移植者概念は、図6（p.94）にあるような組織Xから組織Yに移動し、一度制度Aに埋め込まれつつも、制度Bを受容する形で制度Aに変化を引き起こすアクターの行為をとらえる概念である。すなわち、教師C・EはX高校とY高校をつなぐ制度運搬の「配管」となり、X高校の受験請負指導（という象徴的枠組み）をY高校に運搬するとともに、即座にY高校の既存の制度と入れ替えを図ったのではなく、一度Y高校の制度に埋め込まれた過程を経て、Y高校に受験請負指導を確立した、制度的起業家の側面も有する。まさに制度的移植者であった。

　ではなぜ、教師C・EはY高校の既存の制度に埋め込まれながらも、Y高校で新しい制度創造を試みることができたのだろうか。教師C・Eが制度的移植者として理解できることがすでに示していることだが、Greenwood and Suddaby（2006）の仮説が示したとおり、教師C・EらがX高校の受験請負指導に強く埋め込まれていたことで、異動先のY高校において代替可能な制度の存在（X高校の受験請負指導）に気づき、Y高校の制度変化をもたらしたということが分析より確認できる。制度的運搬者という側面を有するアクターだからこそ、制度的起業家になり得たという説明である。

　加えて、教師C・Eが制度的移植者になり得た要因として次の3点を提示することができる。まず第1に、Y高校の進学実績上の位置づけがX高校に次ぐ位置づけであり、X高校の受験請負指導に相対的に親和的な組織であったことが、教師C・EにX高校の受験請負指導の移植を可能にさせた要因であると考えられる[4]。第2に、運搬者が同時期にY高校に複数名存在したことがその要因であるだろう。複数名いることで、運搬してきたX高校の受験請負指導に関する知識が集合的な社会的資源となり、さらにその資源を動かす力も当然1人よりは大きい状態であったことが、制度の移植を可能とした[5]。第3に、X高校の受験請負指導への埋没度合いのほうが、Y高校の旧制度へのそれより大きかったため、教師C・EはY高校の旧制度と一定程度距離を置くことが

でき、そして過去に習得したＸ高校の受験請負指導が、Ｙ高校で発現したと推察される。Ｙ高校の旧制度への埋没度合いがＸ高校の受験請負指導へのそれより弱いと判断できるのは、Ｙ高校における教師の力量数値化および競争の機会がＸ高校より少ないからである。それに加え、教師Ｃ・Ｅはキャリア発達上重要な30代〜40代という時期にＸ高校の受験請負指導に埋め込まれたことも、Ｘ高校の受験請負指導への埋没度合いのほうが強いと判断できる理由である。以上の要因は未だ仮説の域をでないが、もし支持される場合、Ｙ高校以外の公立進学高校へ異動した教師たちのなかで、教師Ｃ・Ｅと同じような条件を持つ場合、Ｘ高校の受験請負指導の制度的移植者となっている可能性があるだろう。Ｙ高校で観察できたＸ高校の受験請負指導の普及が、Ａ県の他の公立進学高校でもみられるかもしれない。

　最後に制度的移植者概念を再度検討しておきたい。本研究は、教師Ｃ・Ｅを制度的運搬者と制度的起業家が重なる制度的移植者の事例として位置づけた。制度的移植者に関して、分析から新たにみえたことは、制度的移植者の事例とした教師が移植元の制度を変更せずにＹ高校に取り入れ根づかせようとした側面と、移植元の制度をＹ高校の状況に即して変更した側面があることである。教師Ｃ・ＥはＸ高校の受験請負指導が前提とする受験請負規範はそのままＹ高校の受験指導に適用している。また、Ｘ高校の受験請負指導におけるd) 連携制度と e) 放課後確保制度も適用していた。一方で、時間配分や、適切な指導の具体的な方法はＹ高校の状況に影響を受け変更した部分である。ここから制度的移植者とは、運搬した制度を運搬先の既存の制度と完全に入れ替えることで劇的に制度変化を引き起こすのではなく、移植先の組織の現状に影響を受けながら緩やかに制度変化を引き起こすアクターとして再定義することができるだろう。

* * *

　以上、受験請負指導がX高校からY高校へと普及する沈殿化過程を確かめることができた。ここから、1990年代にX高校の教師たちによって確立された受験請負指導は、そのX高校という固有の空間で、特定の教師たちによって担われていたものから、時間と空間を超えて影響を及ぼす「地方公立進学高校制度」として成立したといえるだろう。Berger and Luckmann の言葉を借りれば、1990年代のX高校の受験請負指導は「萌芽的な匿名性」を与えられる状態となった。そして、「一つの世代から次の世代へ、そして一つの集団からもう一つの集団へ、受け継がれ」ていく（Berger and Luckmann　訳書, 1966, p.104-105）。

　加えて本章で提出した知見がもう一つある。それは、沈殿化を推し進めた教師たちが、制度的移植者として理解可能なアクターであったことである。学校組織においてある制度を創造・普及させたい場合、本研究のA県教育委員会のように、マクロレベルの制度的環境を変化させることによってそれはある程度可能になるかもしれない。一方で、本研究が示した制度的移植者は、組織間関係のレベルで制度が普及していく過程に介在するアクターである。学校組織において一般の教員が制度の創造・普及を担う場合は、トップダウン方式によって制度の創造・普及に携わるということは難しい。その代わり制度的移植者としてのふるまいをみせることで、一般の教員が制度の創造者・普及者となり得ることを本章の分析では示すことができた。

　では、このような制度的移植者の働きによって沈殿化が推し進められ、完成をみた「地方公立進学高校制度」は、その後安定的に存在し続けるのだろうか。「地方公立進学高校制度」は、確立元のX高校において、その後どのような道をたどっていくのだろうか。

1 ここで事例とするのは、新たな受験指導の完成状態ではなく、試みという状態である。試みとするのは、教師C・Eらが行った改革のうち2014年調査時点で未定着のものもあるからである。新たな受験指導の確立がY高校の制度として定着したか否かは、本研究がX高校の受験請負指導の制度化過程を検証するために用意したような長期的な分析で判断する必要である。一方で、教師C・Eらが制度的起業家の側面を持つ制度的移植者であるかどうかの判断は、制度創造（移植）の試みという状態であっても、第2章第3節で述べたことから問題はない。

2 Y高校において、どのような教育活動にどれだけの時間を配分するかを選択する教師の行為に、「放課後の時間は部活動に優先すべきである」という認知的枠組みが背後原理として働いてきたのは、教師が抱くY高校生のイメージが関係していることが2013年9月・12月のY高校教師へのインタビュー調査から明らかになっている。それによれば、Y高校教師たちはY高校生が「勉強もしたいけど部活動もしたい」という志向性を持っているといい、それはY高校がX高校に次ぐ、大学進学実績上「2番手」の高校という位置づけだからと理解する。また、部活動時間に比重をおくのはX高校との差別化を図る上でも重要であると認識されていた。詳しくは小黒・冨田 (2014) を参照されたい。

3 それ以外にも、校長からのメッセージや、「盗んで学べ」という先輩教師の教えが、X高校教師らを受験請負指導に埋め込んでいく仕組みとなっている。

4 X高校からY高校への教師C・Eの異動に、Y高校の「進学校化」を促す教員人事行政の意図がある可能性は否定できない。その場合、人事異動が背後要因となり教師C・Eが制度的移植者となり得たとも判断できるだろう。

5 Y高校は学年が活動単位となっており、資源を動かす範囲が比較的小規模だった可能性もある。

第6章

「地方公立進学高校制度」の脱制度化と帰結

　X高校の受験請負指導は、A県教育委員会の受験指導重点化施策を背景に、X高校の教師たちによって、1990年代から2000年代にかけて客観化、正当化、沈殿化を経た。そして、1990年代のX高校教師たちだけに通用する受験請負指導から、時間と空間を超えて影響を及ぼす「地方公立進学高校制度」として成立した。「地方公立進学高校制度」はいまや教師個人の外部に「客観的事実」として経験されるものとなった。しかし一度成立した「地方公立進学高校制度」はその後も安定的に存在し続けたわけではなかった。本章では再び「地方公立進学高校制度」の確立元であるX高校に視点を戻す。すると、確立から10数年が経過した2000年代後半の「地方公立進学高校制度」は、徐々に変容をとげている様子が観察された。

　新制度派組織社会学において、制度変容をとらえる理論枠組みは脱制度化として理解されてきた。本章では、X高校の2000年代後半以降から生じていく変容を、この脱制度化の枠組みを援用し、分析していくことにする。このとき、重要になるのが脱制度化の先行研究の知見においてDacin and Dacin（2008）が示した、脱制度化は補助的制度から生じ、中核的制度が残るという変容のあり方である。この知見は、古いものから新しい別のものへと入れ替わる段階的変容ではなく、部分的に徐々に消失していく有様をとらえる連続的変容を切り取るものである。そして、X高校で観察された変容が、この連続的変容をとげた場合、中核的制度のみを残した「地方公立進学高校制度」はどのような帰結を教師たちにもたらすのだろうか。

加えて、脱制度化過程に関与する教師の存在をとらえることに対しては、守護者概念が適用しうることを第2章第2節で述べてきたところである。本章では、「地方公立進学高校制度」の変容過程のなかで、その変容を食い止めようとする形で脱制度化過程に関与した教師を確認することになるが、その存在を「守護者」という概念から理解していくことを試みる。

　以上、本章では「地方公立進学高校制度」の連続的変容の様子と変容を食い止めようとする形で関与をみせる教師の存在を分析するとともに、その変容がもたらす教師への帰結を論じていく。

第 1 節　連携制度の脱制度化：2000年代後半

　「地方公立進学高校制度」は a）〜d）の複数の制度が並存している。つまり、難関大学合格という「成果」をあげるためには、 a）「65分授業制度」、b）「教科間の優先順位制度」、c）「競争制度」、d）「連携制度」、e）「放課後確保制度」が必要であると認識されている。教師 J は 2000 年代に X 高校に勤務していたが、勤務時期終盤に、そのうちの連携制度が脱制度化し、次第に、競争制度が先鋭化する形に「地方公立進学高校制度」が変容したと語る。

　教師 J は X 高校に赴任したばかりの 2000 年代初めまでは、「地方公立進学高校制度」の連携制度が機能していた様子を語る。

> 教師 J：(教師 J が赴任したばかりの頃の X 高校は；引用者注) 例えば 1、2 年生は国、数、英をちゃんと教えましょう。2 年生の秋までは国、数、英を教えるでいいけど、2 年生の秋からは理科と社会にも時間を費やせるようにしましょうとかっていう暗黙の了解があって、きちんと生徒がその時期、2 年生の秋になったら理科と社会に向かえ

るように国語、3教科はやや課題の量を減らすとか。あとはとくに国語は、2番手、3番手でいいんだって私教えられたんです、来たときは。だから、国語は英語と数学の邪魔をするんじゃないと。

筆者：ああ、じゃあ課題の量とかもそこに配慮して。

教師J：そう、っていうふうなことがあって、

　しかし、2000年代後半以降、教師Jは徐々に連携制度が抜け落ちていったと指摘する。それを教師Jは、「教科のエゴが前面にでてきた」と表現する。そして連携制度を欠いた状態の競争制度では「各教科と他の学校との比較が一気にでて、そのなかで、「全体が伸びないね」となると、「どの教科が悪いのか」という視点になるよね。「今回は数学が足を引っ張ってない？」とか。（中略）悪いことを教科のせいにするとか、いいことを教科の手柄にするとかいうその評価システム」になってしまったという。「悪いこと（いいこと）」とは、ある教科の生徒の成績が伸びない（伸びる）ことであり、それを担当教科の教師の責任や手柄にしてしまう発想になっていたということである。したがって、次のように説明する。

　　教科がその生徒の責任を負うみたいな形だと、やっぱり教科は指導から手を引けない。（中略）だからどこかでうまく調整して、例えば学年で調整して、『この生徒はいまこの教科の勉強が必要だから、国語はそれほど頑張らなくていいんじゃないですか。先生方みんなそれで了解ですね、…（中略）…』となれば、国語は言い訳できるわけだ。だって学年で『国語は勉強するな』と言ったんだから、成績下がるのは当然だし、それはもうこっちの責任じゃないと思えるけど、教科に責任が任せられてる現状では怖くて手は引けない。

　つまり、教師たちが「教科のエゴ」に陥っていったのは、連携制度の欠落にあったという指摘である。連携制度があれば各教科の責任範囲に線が引かれ、そして責任を一時放棄できることが許される場面がある。しかし、それがな

ければ生徒の成績に対して教師たちの責任が際限なく問われてしまう。その
ような競争制度の「恐怖」から、生徒に対する各教科の指導に歯止めがかから
なくなった状況を教師Jは語っている。

　教師Jは、連携制度が抜け落ち、競争制度が支配的となった「地方公立進学
高校制度」に疑問を抱いた。難関国立大学への合格者を輩出するための手段
である、「地方公立進学高校制度」の正当性（p.124の正当化図式②）に疑義を抱い
たのである。教師Jは疑問を抱くだけでなく行動も起こした。長期休業中の講
習の時間割を一部変更し、理科の時間を増やした。教師Jのこのような行為は、
連携制度をもつ「地方公立進学高校制度」にしたがい、連携制度の消失を食い
止めよう・復活させようとする守護者としてのものと理解できる。しかしす
でに連携制度が消失した「地方公立進学高校制度」しか知らない他学年の教
師からは「前例にしないと言質をとれ」といわれたという。連携制度がない「地
方公立進学高校制度」を正当とみなす同僚教師もまた、守護者としてのふる
まいをみせ、教師Jの行動の影響を最小限にとどめる結果となった。

　ではなぜ連携制度は脱制度化してしまったのか[1]。直接的には教師Jのよう
な行動をとる者が少なかったことが考えられるが、なぜ少なかったかといえ
ば人事異動という社会的圧力によって制度の継承が途切れていったからとい
える。しかし、同じ人事異動という社会的圧力にさらされながらも一方で継
承され続けている制度があることを考慮し、そこにDacin and Dacin（2008）の
知見を当てはめて理解すれば連携制度は「地方公立進学高校制度」の補助的
制度であったために、消失しやすかったと考えることができるだろう。

第 2 節 放課後確保制度の脱制度化と守護者の減少：2010年代前半

　　2011年6月調査時は、2012年度から新学習指導要領の理科・数学が先行実施されるのに伴い、X高校において新しい教育課程編成が決定したばかりの時期であった。2012年度入学生用の教育課程では、理科が文系で3単位、理系で2単位増加している。理科は旧学習指導要領では理科基礎／理科総合A／理科総合Bから1科目と、物理・化学・生物・地学のそれぞれⅠ／Ⅱ科目から1科目選択することが必履修であった。2013年度施行学習指導要領では「科学と人間生活」を含む2科目か、物理基礎・化学基礎・生物基礎・地学基礎から3科目が必履修となった。X高校は基礎を付した3科目履修を選択し、それに加え、旧課程のⅠ・Ⅱに該当する基礎を付さない科目の時間も確保しようとしたために、理科で2～3単位の増加となった。表2は2011年度入学生と2012年度入学生が卒業までに履修する各教科の単位数である。

表2　X高校の教育課程編成

教科	2011年度教育課程		2012年度教育課程		増減単位数	
	文系	理系	文系	理系	文系	理系
国語	15	15	14	14	▽-1	▽-1
数学	17	19	17	19	0	0
英語	19	16	19	16	0	0
理科	7	15	10	17	▲3	▲2
地歴・公民	16	9	16	10	0	▲1
1週間時間数	93	93	95	95	▲2	▲2

注1）X高校HPに記載された教育課程表を参照し、筆者が作成
注2）1週間時間数＝上記6教科＋保健体育＋芸術＋家庭科＋情報＋総合的な学習の時間
注3）総合的な学習の時間は1週間の時間割には含めていない
注4）文系数学の選択履修は芸術と選択。芸術を選択しない場合の単位数をカウント
注5）3年次に地歴・公民から4単位を選択するので、地歴・公民はまとめてカウント

理科の時間数が増加することへの対応は、既存の総授業時間数の範囲内では収まらず、国語が1単位減らされることになった。一方で文系・理系ともにかなりの時間数を配分されている数学・英語は一切単位数が減らされることはなかった。そのために、X高校では1週間の時間割に1日だけ6時間目が追加された。教師の言葉を借りれば「ぶら下がり」である。X高校の1コマの授業時間は65分で、1日に5コマの正方形の週時間割を長年貫いてきた。しかし、2012年度はこの慣例を崩し「ぶら下がり」という形態を選択したのであり、これはX高校にとって歴史的事件となった。

　つまり、「ぶら下がり」を作ることによってX高校教師たちは、65分授業制度と教科間の優先順位制度を守る代わりに、放課後確保制度の脱制度化を選んだのである。この両者の関係においてもDacin and Dacin（2008）の知見を当てはめて考えれば、65分授業制度と教科間の優先順位制度は中核的制度であり、放課後確保制度は補助的制度に近いととらえられるだろう。

　放課後確保制度の脱制度化の直接的な原因は、学習指導要領の改訂（社会的圧力）と判断できる。一方で守護者の減少によって、社会的圧力の影響を回避できなかったと解釈させる語りも得られている。教師Hは「「ぶら下がり」で授業やることに対してちょっと抵抗がある」人と、「X高校のことをドライに考えられる」人・「全然こだわってない」人に教師集団が分かれるようになってきたと指摘し、その背景に教師M・Hは人事異動の影響を指摘する。社会的圧力の認知である。試みに、A県の地元紙に掲載された教師（正規採用教員・管理職および、教科の教諭を対象とし、養護教諭・栄養教諭等は除いた）の異動情報を1990年度から2014年度まで収集しデータ化したところ、たしかに、1990年4月から1994年4月まで転入し、X高校の「成功」を体験した世代の教師たちは、2006年度の2人を最後に2007年度以降0人となっている[2]。2010年度以降、半分を占めるのが2005年4月以降にX高校に異動してきた教師たちであった。

　また、教師Gは例えば、先の「ぶら下がり」に関連して次のような出来事を語る。2002年度の週5日制実施の際にも、X高校は授業時間数の削減を迫られ各

教科の時間数減が問題となった。そのときには、コマ数を捻出できないとはっきり主張する教師がいたが、2012年度からの「ぶら下がり」に関して、職員会議で疑義が呈されることはなかったという。内心では抵抗感を抱いても声を上げない。守護者の減少を示す例である。

　それでも放課後確保制度の脱制度化だけで済んだのは、やはり残存する守護者の存在が大きい。教師Hは「**使命**」という言葉で正当化図式を強調する。教師Hは近年の人事異動の傾向を、「**X高校は特別な学校じゃなくて、X高校も他の高校と同じ**」であるという県教育委員会からのまなざしがあると解釈していた。それに対し以下のように語る。

　　それだとー、あのー、なんていうのかな、飛躍は望めないっていうかな。本当は<u>まずいんだとは思うんだけど、やっぱり、X高校にいる以上は、X高校にプラスの付加価値をつけるくらいの実績を残すくらいの気持ちでやってもらわないと、正直やっぱりX高校はおかれている位置は俺は違うと思うのね</u>。やっぱり、X高校はX高校としての使命があって、やっぱり、これまでの伝統をみても、東大に県内で1番多くださなきゃいけない学校だし、それも10人っていう、それぞれX高校で、ずっとまぁ学年で掲げている目標があれば、その目標を達成するための学校っていうのがX高校なんだっていう———

　守護者のふるまいは英語科の教師Iにもみられた。「**チーム式指導**」が確立するX高校の英語科は、1学年3名が配置され、そのうち2名が主力となり3年間同じ学年を担当する。主力2名のうち1名は「**3年間を見通したプラン**」（教師I）を熟知した教師でなくてはならないが、2011年度の2学年は、人事異動と教員数の減少（社会的圧力）のため「**3年間を見通したプラン**」を熟知した教師がおらず、教師Iは、急遽補佐役として2学年担当になった。そして「**X高校の英語**」を生徒のみならず教師にも伝達しているという。

　以上より、「地方公立進学高校制度」は制度化のあと、主に学習指導要領の

改訂や人事異動という社会的圧力の影響を受け、変容していった。しかし、すべてが一気に消失するのではなく、それは補助的制度から徐々に消失していた。つまり、連続的変容が確認できたことになる。

　これらの結果には、「地方公立進学高校制度」の脱制度化に生徒側の要因が語られなかったという興味深い点が含まれている。インタビューでは、生徒の変化自体は語られている。例えば、英語科の教師Kは中学校の教育課程の変更により、X高校の英語が前提とする文法的知識が不足している生徒が増えてきたと認識する。しかし、それへの対応として「地方公立進学高校制度」の脱制度化を語ることはなかった。1学年の教科書の難易度を下げることや、自身の授業内で教授内容を精選するなどの対応が語られるだけであり、「地方公立進学高校制度」そのものに抵抗し、拒否をし、生徒側の状況に即して制度を変更させるということはなかったのである。これは、「地方公立進学高校制度」が脱制度化の過程をたどっていたといえども、影響力を残し続けている証拠である。つまり、この時期にみられた変更過程が、新しいものへとって代わられる不連続な変容というより、中核的制度の影響力を残した連続的な変容過程であるととらえるべきことが、この点からも裏づけられている。

第 3 節 中核的制度と補助的制度を決定する要因

　人事異動や学習指導要領の改訂という同じ社会的圧力にさらされながら、a）65分授業制度、b）教科間の優先順位制度、c）競争制度はなぜ残り続けたのか。逆に、d）連携制度や、e）放課後確保制度はなぜ脱制度化してしまったのか。Dacin and Dacin（2008）では、脱制度化は補助的制度から生じるという知見が提出されているものの、どのような制度が補助的制度となり中核的制

度となりうるのか、その決定要因については議論されていない。本節ではその疑問に対する仮説を提示する。この課題を解決する意義をあらためて強調すると、それは純粋に理論への貢献もあるが、次節で明らかにするX高校の教師たちにもたらされる帰結が、「地方公立進学高校制度」に埋め込まれた他の高校組織や教師たちにも適用されうるのかを判断するための材料となるからである。

そして決定要因を考察するにあたり、次のことも確認しておく。組織内外に由来する何らかの脱制度化圧力が、消失した制度にのみ影響を与えていたと仮定することもできるが、第2章第2節1で述べたようにデータの制約から、ここでは教師たちが認識した圧力（学習指導要領の改訂や人事異動）だけが発生していたと仮定しておきたい。その場合、それらの圧力は「地方公立進学高校制度」の諸制度に均一の力を加えると考えられることから、中核的制度として残存するか否かを決定する要因は、圧力の側ではなく、圧力を受ける側、すなわち「地方公立進学高校制度」に内在すると考えられる。

では一つ目の仮説を提示する。それは「地方公立進学高校制度」の根源にある受験請負規範に適合しやすいか否かが要因となり、適合しやすいものが脱制度化の圧力の発生を契機に中核的制度として守られるのではないか、というものである。受験請負規範に統制される教師たちは、たとえ多様な要因が絡んでいようとも、生徒の受験結果に対し自分たちの指導に一義的な責任があると思わなければならない。これに対し、c) 競争制度は適合的である。競争制度は教師の責任という観点からみれば、教師個人レベルにまで責任を明確化しうる仕組みである。対して、d) 連携制度はその責任を曖昧化し、請け負った責任を一時解除する仕組みでもある。さらに、受験請負規範のもとでは、教師たちは指導の「成果」を難関大学の合格者数の伸びに表れると思わなければならない。これに対しては、b) 教科間の優先順位制度も適合する。難関大学の受験教科として国語・数学・英語は必須であり、それら3教科が優先される制度は難関大学合格という目標に向けては効率的な制度である。対して、e) 放課後確保制度は受験請負規範の管轄時間をあえて抑制する仕組み

であり受験請負規範には適合しない。

　以上に加え、もう一つの仮説を提示する。それは、「地方公立進学高校制度」を構成する諸制度の「強度」に差があったのではないか、というものである。a）65分授業制度や b）教科間の優先順位制度、e）放課後確保制度が中核的制度として残存したのは、時間割や教育課程という公式構造に反映されることで「強度」を高めたからではないか。同様にc）競争制度は、定期的な会議における公式的な組織活動として「強度」を得ており、それだけ教師たちは制度を意識せざるを得ない。そして実際、第5章の教師C・Eの経験にあったように、教師たちを「地方公立進学高校制度」に強く埋め込んでいく最も効果的な制度にもなっている。しかしその一方で d）連携制度は、教師の指導の手引書には記載されているが、教師の認識の上で確認する以外に「強度」を得ている場面は少なかった。ただし、制度の「強度」が高いと考えられる e）放課後確保制度が脱制度化したのは、上述した一つ目の仮説が当てはまるからではないだろうか。すなわち、「地方公立進学高校制度」の受験請負規範に適合しないという要因のほうが強く効いていたために、放課後確保制度は結果的に脱制度化してしまったと考えられる。

　以上の二つの仮説のうち、とくに一つ目の仮説は、「地方公立進学高校制度」に内在する要因が制度の中核／補助的位置を決定することを示している。もっともこの仮説を提示するまでにはいくつもの仮定があり、仮説自体も十分な検討を経ているわけではない。つまり次節で述べるような、「地方公立進学高校制度」がもたらす帰結を、一般化可能であるかは確定できない。だが、次節で述べる教師への帰結は「負の影響」を論じることになる。そのため、その結果を一般的に生じうるものであると慎重に受け止めた方が「痛み」を最小限に抑えられるかもしれない。次節で論じていく「地方公立進学高校制度」がもたらす「負の影響」は、X高校固有の事情から生じたものではなく、「地方公立進学高校制度」を取り入れている学校であればどこでも生じうることである。このように受け止めることが望ましいのである。

第 4 節 変容する「地方公立進学高校制度」の帰結

　2010〜2011年度の校長Qは、X高校に赴任すると、教師全員と30分ほどの面談を9日間かけて実施した。校長Qは、教師たちが日々の受験請負指導に余念なく務め、土日も部活動で非常に忙しい様子を語る。さらにワークライフバランスを著しく欠く教師も一部におり、「**そのことはX高校だから仕方がないっていう、また、そういう二重の責任感、そこで乗り越えてるっていうかな、無理しているっていう現実もあって**」と語る。校長Qは、X高校独特の責任感から教師たちが抜けだせない様子を指摘している。

1　競争制度で高められる教師の責任

　教師たちの責任は、2000年代後半に、d) 連携制度が脱制度化したことで、際限のない責任が教師たちの肩に重くのしかかっていく。教師Jは、すでに引用したように、「**教科がその生徒の責任を負うみたいな形だと、（中略）教科に責任が任せられてる現状では怖くて手は引けない**」と、過剰な責任を背負いこむ様子を語る。しかし、連携制度があれば、「**例えば学年で調整して、『この生徒はいまこの教科の勉強が必要だから、国語はそれほど頑張らなくていいんじゃないですか。先生方みんなそれで了解ですね、…（中略）…』となれば、国語は言い訳でき**」たわけである。連携制度によって本来であれば歯止めが効くはずであった c) 競争制度は、連携制度を失うことで教師個人の責任だけを過剰に高める制度となってしまっている様子が語られている。したがって、教師はそのプレッシャーから、仕事の量を減らすことができない。例えば教師Jは、その高められる責任のもとで、英語・数学・国語の教師が生徒に与える課題量を増やしていったことを指摘している。課題を与えるということは、課題を作成し添削する教師の仕事量が増えることを意味する。

2　責任範囲の拡大

　それに追い打ちをかけるように2010年代後半には、X高校教師たちの責任範囲が拡大する。A県教育委員会はX高校に、探究学習を目玉にした探究科の設置を決定した。新たな社会的圧力の発生である。

　A県教育委員会内に設置された「探究科等新学科設置及び普通科活性化に係る検討委員会」が2015年11月に提出した報告書には、冒頭に、難関大学等の合格実績の低迷に言及しているものの、その回復を目指すことは書かれていない。それに代えてか、県外大学への進学者の県内回帰率の低さに触れ、「**地元大学への進学促進が求められる。（中略）学力の向上を図ることで、大学進学時における地元定着を促す取り組みが求められる。**」と明記されている。当該委員会における検討過程では、ある委員が「**進学校では、センター試験で1点でも多く取らせることに力を注ぎ**」、「**どこが一番少子化に影響を与えているのかと考えると、地方の進学校なのではないか**」と批判する発言も記録されている[3]。これらの報告書の提言や、検討過程での委員の発言は、これまでの受験請負指導とは異なる「成果」をX高校に求めるものである。このような発言が見受けられるなかで決定した探究科の設置は、教師たちが背負うべき責任範囲の拡大を意味する。

3　失われる自信と得難い達成感

　高められ、範囲が拡大する責任は、次の状況と相まって教師を追い詰める。

　探究科設置を決定する際にみられた、検討委員の発言に再度着目したい。同様の論理は、2014年の地元新聞の社説にも掲載され、A県で目立ちつつある。以下に社説の一部を引用する。

> 　「難関大学」に入学した者の多くは、その学歴ブランドにふさわしい職場を求めて本県を離れ、そして故郷に帰ってこない。しかし、県教委と「進学校」は長年にわたって営々と「難関大学進学者を増やす」ことに心血を注ぎ、つまりは"結果とし

て"「学力優秀」な人材の県外流出に拍車をかけてきたのである。(中略)昨今の難関大学進学者の減少こそは「学力優秀」な先行世代をどんどん県外に流出させてきた当然の結果、すなわち本県「進学校」の努力の"歴史的成果"ではないかと皮肉を言いたくなる。(中略)急速に進む超高齢社会化と人口減少に直面する本県で、「学力上位層をもっと優秀な大学へ」という指導を地域の生き残りとどのように折り合わせるか、それはいまや喫緊の課題である。(中略)「進学校」と県教委とが"地域に戻ってくる人材"の育成に本気で取り組むことを期待したい。(地元紙2014年10月13日)

　探究科設置検討委員会の委員の発言や、この社説で語られている意見は、「地方公立進学高校制度」を担う教師たちの自信を喪失させるかもしれない。地元新聞の社説を読んだ教師Cは、すでにX高校を離れていたが、「**何か長期的な見方をした場合、A県にメリットをもたらしたんだろうかと考えると、そのなかに加わった一人としてちょっと生産的でなかったのかな（2014.10・単独）**」と、「反省」を口にした。

　高められる責任に反比例し、達成感が得難い状況もある。制度化当初も、教師たちは責任を背負いこんできただろう。しかし、その分「成果」が向上するという達成感を得ることができ、それが喜びの源泉ともなっていた。しかし、2010年代以降は、はっきりとした「成果」が得られなくなる。明確な「成果」を得た1990年代と2000年代にX高校に赴任してきた教師は、達成感を十分味わった世代である。しかし、2010年4月以降にX高校に赴任した教師の割合は2013年度で約半数となり[4]、達成感を十分得ていない教師たちが中心となっていく。責任は過剰に高められる一方で、自信と達成感を得ることが難しい状況が、X高校教師たちを追い詰めている。追い打ちをかけるように、今後本格化する探究科での学習は、「成果」が極めて不明瞭なものであり、その分達成感を得ることも難しいだろう。教師たちはますます困難な状況に追い込まれている。

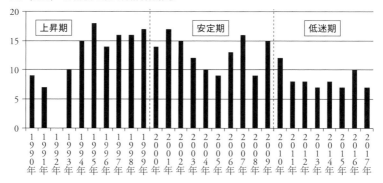

図9 (再掲)　Ｘ高校の東大合格者数推移

注1) Ｘ高校東京大学合格者数は小林（2009）とＸ高校同窓会誌に記載された現・浪合格者情報、
　　　Ｘ高校 HP に記載された情報をもとに作成

＊　＊　＊

　本章では、「地方公立進学高校制度」が制度化したのち、確立元であったＸ
高校において、「地方公立進学高校制度」が2000年代後半から徐々に脱制度
化圧力にさらされ連続的に変容していった様子を明らかにした。そして、変
容を食い止めようとする教師は守護者という概念から理解できることも確認
できた。以上の分析から、一度制度化した教師の行為を形作る認知的枠組み
の変容過程は、「連続的変容モデル」からとらえられることを示し、またその
分析枠組みを提示できたと考える。それは、補助的制度から消失し、中核的制
度が残存するという形での変容モデルである。

　そして、本章でもう一つ明らかにした点は、変容した「地方公立進学高校制
度」が教師たちにもたらした帰結である。それは過剰に責任を高め教師を追
い詰める「負の制度」と化していたことである。たしかに変容する以前の「地
方公立進学高校制度」であっても、教師にとっては大きな負担が伴うもので
あった。第4章で示したように、教師自ら責任を背負いこむ姿が1990年代に
もあった。しかし、当時の「地方公立進学高校制度」は、教師たちにとって達

成感と喜び、自信の源泉でもあった。確実な「成果」を得ることができ、教師たちはますます「地方公立進学高校制度」に自らコミットしていった。この意味で、「地方公立進学高校制度」は教師たちに充足感を与える魅惑的な制度でもある。

　しかし、本来、大学進学を決定する要因は複合的に存在しているなかで、そのことをあえて度外視し、教師の一義的な責任を強調し、その「成果」を難関大学合格者数の伸びでみることを強いる「地方公立進学高校制度」は、その「成果」が得られなくなると、教師に負担を過剰に請け負わせるだけの「負の制度」に姿を変えてしまう。たやすくその責任を放棄できるなら問題ない。しかし「地方公立進学高校制度」は制度として成立してしまっているがゆえに、教師たちは安易に責任を放棄できないのである。さらに、教師間の競争を熾烈化させる形へと「地方公立進学高校制度」が変容してしまったいま、教師たちの責任感は際限なく高められ続けることになる。

　このような「地方公立進学高校制度」の帰結は、X高校固有の現象であったのだろうか。連携制度が消失し、競争制度が守られたという変容のあり方に焦点を当てよう。本章第3節ではこの変容に対し、教師の責任を強調し、その責任が生徒の成績や大学合格実績で果たされるという「地方公立進学高校制度」の受験請負規範に、競争制度が適合的であり、かつ制度としての強度が高かったため、中核的制度として守られたという仮説を提示した。この仮説をいい換えれば、競争制度が中核的制度として残存するのは「地方公立進学高校制度」がたどる必然的変容であるということを述べたものであった。したがって、この仮説が支持されるならば、X高校の「地方公立進学高校制度」が教師にもたらした負の帰結は、「地方公立進学高校制度」を持つ他地域の高校組織や教師に対しても、同様にもたらされる可能性がある。この可能性を否定できない限り、「地方公立進学高校制度」は魅惑的な面と、負の面を合わせ持つ「両刃の剣」であるとみておかなければならない。

1 そもそも、「連携制度」は「制度」と呼ぶべき存在ではなく、耐久性が弱い規範にすぎなかったのではない
か、という指摘があるかもしれない。しかし、本研究で定義してきた制度化の過程（客観化・沈殿化・正当化）
をたどっており、「制度」として理解可能であると考える。連携制度も、文書化（客観化）され、さらにそれが
次代の教師へと引き継がれており（沈殿化）、そしてその制度の下で難関大学合格実績の向上という「成果」
が得られている（正当化）。後述することになるが、こののちに脱制度化していく放課後確保制度について
も同様の理解から「制度」と捉えるべき存在であると本研究では考えている。
2 1995年度〜2005年度まで推移は、36人、33人、27人、24人、18人、15人、13人、9人、5人、4人、2人となっ
ている。
3 第1回（平成27年6月9日開催）および第3回（平成27年11月2日開催）探究科等新学科設置及び普通科活性化に
係る検討委員会における「委員の主な意見」より引用。
4 A県の地元紙に掲載された教師（正規採用教員・管理職を記録、教科の教諭を対象とし、養護教諭・栄養教諭等は除く）
の1990年4月から2014年4月までの異動情報を収集し、算出した。

終 章
「文化−認知的制度モデル」の提示と「地方公立進学高校制度」の行方

　本研究の目的は、高校教師の行為を理解する説明図式を新たに提供することであった。そして本研究ではその説明図式を、Scott（2014）の概念を引き、「文化−認知的制度モデル」と名づけた。「文化−認知的制度モデル」としてとらえようとしたのは、教師の行為を形作る認知的枠組みが、時間・空間を越えて広く影響を与える制度となり、それが広がった先の教師の行為に影響を与えているという現象である。さらに制度としての認知的枠組みが、「連続的変容モデル」を前提とすべきことを「文化−認知的制度モデル」は含意する。

　このような「文化−認知的制度モデル」の有効性を検証するために、本研究が事例としたのは1990年代の東北地方A県X高校で受験請負指導が確立し、それが次代の教師たちへと継承されていく様子、そして他校へと普及していくことで「地方公立進学高校制度」として制度化する様子であった。さらにそのあとに起きた「地方公立進学高校制度」の変容までを分析対象とした。

　本章では分析結果の概要をまとめたのち、本研究の分析によって導くことができた、高校教師の行為を理解する新たな説明図式、「文化−認知的制度モデル」の意義についてあらためて説明をしていきたい。そして、今後の「地方公立進学高校制度」の行方を、「地方における残存」と、「都市への普及」という観点から仮説的に考察し、本研究の結びとしたい。

第 1 節 分析結果の概要

　本研究は東北地方のＡ県を事例とした。Ａ県では、1980年代後半頃に、地方に共通してみられた「学力問題」への認識があった。さらに、その対応としてＡ県教育委員会は受験指導重点化施策に取り組んだが、それは当時多くの地方県教育委員会が「学力問題」への対処として実施した施策の典型例であった。

　分析編の第3章で検討したのは、Ａ県教育委員会による受験指導重点化施策によって、受験請負指導をルールとする制度的環境が成立した様子である。Ａ県教育委員会による受験指導重点化施策が開始される以前は、教師たちが学校現場で受験指導をすることは批判覚悟の行為であった。しかし、受験指導重点化施策によって受験請負指導を行うことをルールとする制度的環境が成立する。Ｘ高校をはじめとした県内の公立進学高校は、生徒の大学受験に対し教師が一義的な責任を負い、その指導の「成果」を難関大学合格実績にみるべきであるという受験請負規範を伴う受験請負指導に取り組むことが要請された。

　そのことは、受験指導重点化施策決定を牽引した教育長の論理を追うことで確かめることができた。すなわち、本来多様な定義を含むはずの「学力」を「大学受験に必要な能力」と一元的にとらえる論理や、その論理が成り立つゆえに、学力向上の「成果」は大学進学者数という数値に反映されるという論理が構築されていった。そして「成果」をあげるためにとられた手段である施策の内容が、学校現場の指導に重点を置くことであったことは、その「成果」に対する責務を教師の受験指導が一義的に負うべきであるというメッセージを教師たちに明確に示すことになった。

　次に第4章で分析したのは1990年代のＸ高校における受験請負指導の確立である。Ｘ高校には、1990年代以前にも、すでに受験に向けた様々な手立てが

存在していたが、A県教育委員会の受験指導重点化施策を追い風としながら、1990年代以降に受験請負規範が伴う受験請負指導が確立され、さらに制度となりつつある過程を観察することができた。A県の受験指導重点化施策によって、受験請負指導に取り組むことをルールとする制度的環境が成立した。そのことは背景要因として重要であったが、それ以上に、「地方公立進学高校制度」の制度化を推し進めたのは、X高校の教師たち自ら受験請負指導の客観化、正当化、沈殿化に関与した過程であった。客観化とは、理論化の過程でもあり、理論化はパターン化された行為が、はっきりとした因果関係として説明されることを指す。つまり教師たち自らが、生徒が難関大学に合格するということを「結果」とし、日々の指導をその「原因」という関係に整理していったことが理論化、すなわち客観化であった。それに加え、その因果関係を認識上の論理とするだけではなく、統計手法を使って可視化させたことも客観化に寄与した出来事であった。さらには、X高校の受験請負指導が1990年代に複数回にわたって文書化されたという現象も、客観化を促すことになった。

　このようにして客観化されたX高校の1990年代の受験請負指導は、受験請負規範を根源にすえながら、難関大学合格という「成果」を得るために以下a)～e)の部分的な制度も必要であると認識され、構成されていた。a) 1コマの授業時間を65分としなければならないと認識させる「65分授業制度」、b) 英語、数学、国語、理科および社会という優先順位で授業時間の配分や生徒の課題量を調整すべきと認識させる「教科間の優先順位制度」、c) 教師の力量は可視化され、競争させられることによって向上すると認識させる「競争制度」、d) 競争に執着して所属教科の成績を上げることだけに専念してはならず、全体のバランスを考えられるように教師間で連携を図らなければならないと認識させる「連携制度」、e) 放課後は部活動や生徒の自学自習に優先的に時間を充てなければならないと認識させる「放課後確保制度」である。

　客観化過程に積極的に関与した教師は、支援的アクター概念を用いて理解

することもできた。すなわち、受験請負指導の確立に貢献した教師らは、すでに制度的環境において受験請負指導が要請されている状況下で、学校現場レベルでそれを補強するふるまいをみせた。

　客観化された受験請負指導が制度となるには、正当化という過程も必要である。1990年代を通し、難関大学合格実績の向上という事実に支えられX高校の受験請負指導は正当化された。その結果、①国家に有益な人材を地域から送りだすために、②東京大学に10人以上の合格者を輩出可能にする受験指導であるとの説明図式が与えられた。

　こうして客観化し正当化された1990年代のX高校の受験請負指導は、続く世代の教師たちに継承されていく。継承という過程は、制度が定着し、沈殿化するために必要な過程である。X高校の受験請負指導は各教科で開催される試験問題検討会、教員全員が参加する成績検討会などの機会で、とくに新任教師は先輩教師の指導や励ましを受け、受験請負指導を継承していくことになる。

　沈殿化は、継承だけではなく、他空間への普及を経験することでも促される。続く第5章では、X高校の1990年代に確立された受験請負指導が、当時X高校に勤務していた教師たちによって、2000年代後半にY高校へ普及した過程を分析した。Y高校は、X高校と同じ学区に所在する、大学進学実績上の2番手校であった。Y高校はそのような実績を持ちながら、部活動も非常に盛んな高校であった。そのY高校で2000年代後半に新たな受験指導が確立された。それを担ったのが1990年代にX高校に勤務していた教師たちであった。この教師たちは、1990年代のX高校の受験請負指導に強く埋め込まれた経験から、Y高校の新たな受験指導を確立するにあたりX高校の受験請負指導を参照枠としていた。しかし、X高校の受験請負指導の普及は簡単に成し遂げられたわけではなかった。先に述べたようにY高校は部活動を重視する高校でもある。その価値を守りながら確立してきた受験指導やそのための教育活動の時間配分にかかわる旧制度も存在した。それにもかかわらず、この教師

たちが新たな受験指導の確立をY高校で可能としたのは、この教師たちが制度的移植者としてのふるまいをみせたからであった。つまり、教師らはX高校から異動後、Y高校の旧制度を劇的に変えたのではなく、一度旧制度に埋め込まれることによって、その旧制度に影響を受けながら徐々にX高校の受験請負指導を普及させていった。以上の分析によって、1990年代のX高校の受験請負指導がY高校へ普及し、それが「地方公立進学高校制度」として沈殿化していったと結論づけることができた。

制度化を経たのち、「地方公立進学高校制度」は決して安定的に存在していたわけではなかった。第6章の分析ではもう一度確立元であるX高校に視点を戻した。すると、2000年代後半から、徐々に変容している様子を観察することになった。それは劇的に何か新しいものにとって代わられる形ではなく、補助的制度から徐々に消失する連続的変容を遂げていた。人事異動という社会的圧力の影響を受け先に消失したのは連携制度であった。そして、学習指導要領の改訂という社会的圧力を受け、次に消失したのは放課後確保制度であった。これらの分析から本研究は脱制度化という分析枠組みを援用し、「地方公立進学高校制度」の変容をとらえられることを確認できた。また、そこで制度変容を最小限にとどめようとする教師を、守護者という概念から理解可能であることも分析から示すことができた。

それに加えて先行研究で明らかにしてこなかった、補助的制度と中核的制度を決定する要因について考察した。その理由は、脱制度化枠組みの精緻化に貢献できると同時に、次に述べていくような、X高校の教師たちにもたらされた帰結が、「地方公立進学高校制度」に埋め込まれた他の高校組織や教師たちにも適用されうるのかを判断するためであった。「地方公立進学高校制度」の受験請負規範に対して適合的な制度が中核的制度となり、そうでないものが補助的制度になるという仮説と、制度には強度の差が存在し、強度の強い制度が中核的制度として残り、そうでないものが補助的制度として消失しやすくなるのではないか、という仮説を提示した。このうち前者の仮説は、

中核的制度の決定要因は「地方公立進学高校制度」に内在する要因が関係している可能性を述べたものである。したがって、この仮説が支持されるならば、次に述べていくＸ高校の「地方公立進学高校制度」が教師にもたらした負の帰結は、「地方公立進学高校制度」を持つ他地域の高校組織や教師に対しても、同様にもたらされる可能性がある。

　では、いかなる帰結がＸ高校教師にはもたらされたのか。かつて教師たちの達成感や喜びの源泉となっていた「地方公立進学高校制度」は、変容を遂げることによって、教師たちに過剰な責任感だけを背負わせる制度と化していることが明らかとなった。「地方公立進学高校制度」は生徒の成績を向上させるために教師間の連携を前提としていたものから、次第に連携が消え、担当クラスの成績をめぐって、教師間の競争が熾烈化する「地方公立進学高校制度」へと形を変えていった。生徒の成績に対する教師個人の責任という観点からみて、連携制度が個人の責任を曖昧化し、一時解除するのに対し、競争制度は個人の責任を明確化し、その責任の重さを際限なく高めるものである。その競争制度が主軸となる「地方公立進学高校制度」へと形を変えた結果、2010年代、目標とされる難関国立大学の合格者数が伸び悩むという現実に直面し、教師たちは自ら背負ってきた責任を放棄することができず過剰な責任感に苛まれていったのである。

　それに追い打ちをかける事態も進行していた。Ａ県教育委員会は2018年度より、Ｘ高校を含む公立進学高校数校に探究学習を目玉とする探究科を設置することを決めた。それを決定する過程で、受験請負指導が否定されると同時に、受験請負指導が目指す「成果」とは異なる「成果」をＡ県教育委員会は求めた。それは、合格実績が伸び悩むことで達成感を得られにくくなった教師たちに、さらに過剰な責任を課すことになる。

第 2 節 高校教師の行為を理解する「文化−認知的制度モデル」の提示

1 本研究の意義

　本研究の分析によって明らかとなったのは、公立進学高校における教師の行為のなかには、制度化された認知的枠組みによって形作られる側面が存在しているということである。そして、制度化された認知的枠組みは、ある時点の単一の組織に所属する教師にのみ影響を与えるのではなく、その時間・空間を超えて、次なる世代の教師たち、そして他の組織の教師たちの行為にまで影響を与えている。これらの分析結果をもって、制度化された認知的枠組みから、教師の行為を理解する説明図式を「文化−認知的制度モデル」として提案したい。本研究の知見は教師の行為研究に対して新たな理解を提供したといえるだろう。

　本研究の第1章では、現在まで、教師の行為を理解する説明図式は「教員文化モデル」が有力であることを述べた。教員文化モデルは、主に「新しい」教育社会学の興隆を受けて1980年代から90年代にかけて発展した説明図式である。その特徴は、教師の教育行為そのものを理解しようとする姿勢であり、教師の教育行為の背後に、その「行動原理」となる認知的枠組みの存在を認め、その認知的枠組みはミクロレベルの相互作用によって構築されるものとみる。

　本研究は高校教師の行為の「行動原理」となっている受験請負指導という認知的枠組みをとらえようとする点で教員文化モデルに連なる研究ではあった。しかし、教員文化モデルには本研究が分析した現象を明確にとらえていないという点で限界があった。教員文化モデルは単一組織のミクロレベルを基底および基軸とするモデルであった。よって、教師の行為を形作る認知的枠組みが、ある時間のある単一組織で構築されたあと、その時間・空間を越えて、次の世代、他の組織の間に普及し、普及先のミクロレベルの教師の行為に影響を与えるような様相は、教員文化モデルでとらえきれるものではなかった。

そして本研究の分析によってもう一つ明らかとなったのは、一度制度化された認知的枠組みが連続的変容を遂げることである。この現象についても教員文化モデルでは十分とらえ切れるものではなかった。教員文化モデルを用いた先行研究では、古いものから新しい別のものへと入れ替わるという意味での変容を暗黙のうちに前提としていたからである。

　組織論では、組織の発展プロセスとして安定的段階における連続的な変化プロセスである漸次的進化過程（incremental evolution process）と、危機に直面し別の段階に移行する不連続な変化プロセスである革新的変革過程（radical revolutions process）が交互に組み合わさっていることが想定されている。そのことを参考にすれば、教師の行為を形作る認知的枠組みの変容に対しても、段階的に不連続な変容をたどるのか、あるいは、連続的な変容をたどるのか、このような区別を置くことは重要であった。この区別を適用すれば教員文化モデルにおいて変容を論じる研究は、段階的に不連続な変容を前提としてしまっていた。

　しかし、本研究が着目した制度化した認知的枠組みは、先行研究によって看過されてきた、連続的な変容という過程をたどることになると予想した。なぜなら、制度化した認知的枠組みは、制度化以前のものよりは耐久性や安定性を獲得しているはずであり、段階的な不連続的変容をすぐさま経験することは考えにくいからである。一方で、まったく変容しない堅固な存在としてとらえておくこともできない。そこで本研究では、制度化された認知的枠組みの変容を連続的変容モデルでとらえることができるかを分析することにした。

　以上のような問題意識から、本研究は教員文化モデルの課題を補うべく、高校教師の行為を説明する新たな図式として、新制度派組織社会学の分析概念を用いた「文化－認知的制度モデル」を提案することにした。

　新制度派組織社会学は、時間的・空間的に広がりをもつ制度としての認知的枠組みに文化－認知的制度という概念を与えていた。そしてそれが確立し

普及する過程を制度化、変容を脱制度化という枠組みから理解可能にしている。さらに新制度派組織社会学の1990年代以降の知見には、制度化や脱制度化過程に関与する教師の存在をとらえる分析概念も用意されていた。本研究は、この新制度派組織社会学を参照することで、教員文化モデルの課題を克服する分析枠組みの提示が可能になると考えた。

新制度派組織社会学を援用することで提示できた「文化−認知的制度モデル」の有用性は、本研究の分析によって検証することができただろう。第4章と第5章では、1990年代のX高校における受験請負指導は、たしかに制度化の過程を経ており、時間的・空間的に広がる文化−認知的制度としてとらえうる存在となっていたことを分析することができた。そして第6章では、制度化したのち、それは安定的に存在しているわけでも、劇的に変容をとげるわけでもなく、徐々に連続的な変容を遂げる存在として、脱制度化という分析枠組みから分析できることを確かめることもできた。この一連の分析結果から、本研究は高校教師の行為を理解するための新たな説明図式、「文化−認知的制度モデル」を提示することができたと考える。

本研究による提案は、1980年代以来、教員文化モデルに支配されていた教師の行為に対する理解に、新しい視角をもたらす。教員文化研究を1980年代から現在まで長年牽引してきた久冨は、2003年の著書のはしがきで、「まだ見果てぬ暗黒の大陸」といわれていた「教師たちの世界の内実」をつかむために、「教員文化」概念を提示し、その理論的・実証的研究に打ち込んできたことを振り返っている（久冨2003, p. iii）。その努力のおかげで、「教師たちの世界の内実」の地平は切りひらかれ、後続の研究者は先達の道案内を頼りにその大陸を突き進むことが可能となった。

対して本研究は、異なる道を新たに開拓する試みと位置づけたい。もちろん、「教師たちの世界の内実」を探索するためにすでに開拓された道中にも、未だに闇に隠れた景色はある。その道中に明かりを灯し、景色を鮮やかに切り取る研究は今なお重要である。しかし、先達の案内によって切り拓かれた

道からは、同じ景色しかみえないことも事実である。そこに違った道を切り拓き、違った景色から「教師たちの世界の内実」をみていこうという試みもまた必要ではないだろうか。本研究は先行研究が分け入ることがなかった新たな道を切り拓き、久冨の言葉を借りて表現すれば、「まだ見果てぬ暗黒地帯」を探究する試みであった。

2　本研究の限界と課題

　本研究は「教師たちの世界の内実」の「まだ見果てぬ暗黒地帯」へと至る道筋を「文化−認知的制度モデル」によって明らかにできたと考える。しかし、「文化−認知的制度モデル」それ自体が、正当性を与えられ、沈殿化し、制度化され、多くの研究者に利用されるようになるためには、まだ多くの課題が残されている。そこで、「文化−認知的制度モデル」が今後、有効な説明図式として精度を上げていくために、本研究の限界および今後の課題について整理しておきたい。

　本研究は、高校教師の行為が分析対象であったように、高校教育段階に限定して「文化−認知的制度モデル」を提案した。なぜなら高校教育段階において「文化−認知的制度モデル」がより当てはまりやすいと考えたからである。すでに高校組織には高校階層構造を背景に、本研究が事例としたような「進学校」や、あるいは先行研究が対象としてきたような「教育困難校」、「底辺校」、「進路多様校」など、フォーマルな制度とは異なる次元で、高校組織をグループ化するカテゴリーが流通している現状がある。したがって、そのようなカテゴリーの存在が、ある学校組織で構築された教師の行為を形作る認知的枠組みを空間的に広げやすくし、制度化させやすくするのではないだろうか。このような見立てが本研究の背後にはあった。この見立てが正しければ、本研究が事例とした「地方公立進学高校」というグループカテゴリー以外でも、「文化−認知的制度モデル」でとらえられる現象が存在している可能性があり、今後検討する余地があるだろう。

　一方で、「地方公立進学高校」というグループカテゴリーであったからこそ、「文化−認知的制度モデル」が適合した、ということも十分考えられる。例えば、「教育困難校」とされる高校であれば、教師たちは授業を成り立たせること、また集団の秩序を維持することに奔走することになる。そのときどきに即興的に立ち上がる状況との交渉で、教師の行為が決定されることが多いとすれば、本研究が提示した「文化−認知的制度モデル」はあまり有効な枠組みではないだろう。それに対して地方公立進学高校では、生徒集団の秩序は比較的維持されており、学力水準も他の階層群よりも高く、教師が意図する行為を遂行するための前提条件が整っている学校組織ともいえる。したがって、教師の行為を形作る認知的枠組みは維持されやすかったのかもしれない。本研究の限界は、どのような条件が存在する高校組織であれば、「文化−認知的制度モデル」が適合するのかを検討できなかった点である。今後の課題として指摘しておきたい。

　さらに、この課題が検討されたのちに考えていくべきことではあるが、「文化−認知的制度モデル」が高校組織以外の他の学校段階の組織に対しても有用性を持つのかは検討に値するだろう。中学校、小学校においても、教師の間で語られる学校カテゴリーは存在する可能性がある。また、公立高校と同様に、公立小学校・中学校においても教師の人事異動がある。教師間のインフォーマルな交流もあるだろう。小・中学校段階でも、「文化−認知的制度モデル」が適用できる現象は十分存在しうる。

　そして最後の課題が、「文化−認知的制度モデル」において論じる普及についての問題である。本研究は、同一の学校段階、同一の学校グループカテゴリー、そして公立校という類似する性格を持つ学校組織間での普及を扱っていた。本研究の場合、公立学校の人事異動による人の移動が制度的運搬者になることへと注目し、普及の過程をみたからである。しかし、Scott（2003）が指摘したように、制度を普及させる媒体は多様なシステムが存在する。人の移動による制度運搬も含めたそれらの多様性をみたときに、ある学校組織で構

築された認知的枠組みが、他の学校段階、他のグループカテゴリー、他の学校設置区分に所属する学校組織へと普及していく可能性も大いにあるだろう。そして、普及する文化−認知的制度は、普及先に根づく段階では、普及先の組織の状況に応じて変更される部分もある（第5章の分析より）。つまり、普及しやすい制度とそうでないものがあり、さらにそれは制度を運搬するキャリアの性質によっても異なってくるかもしれない。

　以上の課題を解決することを通して、今後は、「文化−認知的制度モデル」の有効性を向上させていかなければならない。多様な学校グループカテゴリー、学校段階を対象に事例研究を地道に積み重ねていくことが求められるだろう。

第3節 「地方公立進学高校制度」の行方

　本章では最後に、事例とした「地方公立進学高校制度」の行方を、「地方における残存」と、「都市への普及」という観点から仮説的に論じ、本研究の結びとしていく。

1　地方における「地方公立進学高校制度」の行方

　第6章では、事例としたA県X高校で「地方公立進学高校制度」が脱制度化に向かっていたことを明らかにした。今後、「地方公立進学高校制度」はいかなる方向に進むのだろうか。この疑問に対し、本研究が最後に提示しておきたいのは、「地方公立進学高校制度」がその「残余物」を残し、それが新たな制度の構築に役立っていくという道筋である。

　第6章で示したA県教育委員会の議論と探究科設置という施策は、一見す

ると「地方公立進学高校制度」を完全な消滅へと向かわせているように思われるかもしれない。A県教育委員会はX高校を含む県内の公立進学校数校に探究科・コースを設置することを決定した。その決定にかかる県教育委員会の検討委員会にて、これまで「地方公立進学高校制度」が「成果」とみなしてきた難関国立大学合格とは異なる「成果」を求める意見が表明されていた。それは地方が直面する少子高齢化、人口減少が大きな「問題」として認識されている文脈と、近年の地方創生という政策動向が交差する地点で表明された意見であった。その「新たな意見」とは、「地元大学への進学促進」への取り組みというものである。その際、県外に存在する難関大学への進学を目指し、「センター試験で1点でも多くとらせることに力を注」いできた「地方公立進学高校制度」は批判され、そのうえ少子化を加速させた原因を作ってきた存在として「問題」とみなされていたことは、第6章でみたとおりである。このような施策の登場が大きな脱制度化圧力となり、A県X高校の「地方公立進学高校制度」はやがて完全に消滅してしまうようにみえる。

　しかし、脱制度化の先行研究を振り返れば完全な消滅という道筋の他に、脱制度化した実践が「制度的残余物（institutional remnants）」として新しい伝統の構築に役立つことが示されている（Dacin and Dacin 2008）。そして、上述したA県教育委員会の施策が、中村（2011）のいうような、メリトクラシーの再帰性による学力試験という選抜方式に対する問い直しの一つであるとみなせる場合、公平信仰の強い学力試験による選抜競争へと再び回帰することが予想される。それに加え、旧制一中以来、全体社会の奉仕者たる社会エリートを目指す者の多くは、地方から都市へと地域移動していった。現在でも難関大学の多くが都市に集中している以上、途切れることなく連綿と続いてきた地方から都市への人の流れを止めることは困難ではないだろうか。それらを見越した教師たちは、探究科設置という施策の要請の裏で、学力試験による選抜競争に生徒たちを加熱し続ける行為を主体的に選択し続けるのではないか。つまり、受験請負規範自体は根強く保持され残存し続けるのではないだろうか。

そこに探究学習が表面的につけ加わり「新たな制度」が構築されていく可能性が予見できる。

　この予想が的中してしまった場合、A県の施策は、ますます現場の教師たちを追い詰めてしまうかもしれない。なぜならA県教育委員会の施策によって難関大学進学を希望する経済的に余裕がある層は、県外の受験指導が整った環境にある中学校や高校へと「脱出」してしまうかもしれないからである。かつて東京都が過熱する受験競争を抑制しようと学校群制度を実施したとき、難関大学進学を希望する層は国立大学の付属校や私学へと流出していった。その結果、都立高校は「凋落」してしまったといわれている。そして、次項で述べるように、その反動から2000年以降に、1990年代のA県教育委員会が行ったような、受験指導重点化施策を実施することになった。それと同じことが、近年のA県教育委員会の施策によって生じる可能性はないのだろうか。つまり、難関大学進学を希望する層の「公立脱出」が始まり、それに危機感を覚えたA県教育委員会によって、再び「地方公立進学高校制度」の価値が見直される、という顛末が待っていることはないのだろうか。そのような段階に至ってしまえば、「地方公立進学高校制度」は残存してはいるけれども、もはや制度が求める「成果」を得ることは教師にとってますます困難な仕事となってしまうだろう。苦しい状況が今以上に教師たちを追い詰めることになりかねない。

　今、A県教育委員会に求められるのは、「地方公立進学高校制度」を否定し、教師たちの自信を奪うことではなく、これ以上、教師たちの重い負担にならないような仕組みを考えることではないだろうか。そして「地方公立進学高校制度」のもとで育まれた、社会貢献意識を強く持った卒業生たちを自県の発展に取り込んでいくための、有効な方策を考えることではないだろうか。

2　都市における「地方公立進学高校制度」の普及

　本研究は、「地方公立進学高校制度」の行方としてもう一つ興味深い動きを

示し、結びとしていきたい。

　現在、地方で脱制度化しつつある「地方公立進学高校制度」は意外な場所に普及している可能性がある。2000年以降、東京、神奈川、千葉、埼玉、大阪など大都市を中心に公立進学高校の「復権」を掲げた改革が進んでいる。1950年代から70年代に導入された学校群制度や総合選抜制度の影響、そして私学の躍進で、都市部では大学進学が私学優位となっていた。いずれも、都府県教育委員会が改革を主導し受験指導重点化施策を実施しており、本研究が一貫して注目してきた受験請負指導と非常に類似する指導が指定校において制度化されつつある。ここに、「地方公立進学高校制度」の普及が垣間みえるのである。

　都市部公立進学高校において、受験請負指導が次々と導入されていく現象の起点となったのは東京都であった。東京都教育委員会では、1990年代後半から都立高校改革が検討されてきたが、一連の改革の一つとして2001年に都立高校のなかに「進学指導重点校」を指定し、都立高校の大学進学実績向上を目指す施策を開始した。指定を受けたのは、日比谷高校、戸山高校、西高校、八王子東高校の4校で、その後、青山高校、立川高校、国立高校が加わり、平成35年度まで、この7校が進学指導重点校として継続指定されることが決定している（東京都教育委員会2017）。

　東京都でもA県がかつてそうであったように、この受験指導重点化施策の実施によって都立進学高校を取り巻く制度的環境が一変した。施策以前、都立高校の教師たちが受験指導に取り組むことはタブー視されていた（鈴木2008）。それは、1965年の教育長通達の影響があったからである。以下鈴木（2008）によれば、俗に「第一次小尾通達」と呼ばれるもので、当時、東京都の教育長であった小尾乕雄が1965年11月19日に「入試準備教育の是正について」という通達をだした。当時、進学実績に都立高校間で格差が生じていたこと、そのために都立の一部の「名門校」に入学するために、学区を超えて、「有名中学校」「有名小学校」に越境入学するという現象が蔓延していたこと、さらに

受検準備教育が中学校段階に及んでいた現状があった。それを是正するために、第一次小尾通達では、「入試を目的とする教育は行わない」と明言された。

　ところが、受験指導重点化施策はこの状況を一変させた。教師が生徒の大学受験に対する責任を背負いこむことを求め、そして、その「成果」を難関大学合格実績の伸びでみることを求める、まさにA県で制度化された受験請負指導と類似する受験指導がルール化されていく。鈴木（2008）に掲載されている、2001年9月26日第三回東京都議会定例会における横山洋吉教育長の答弁では、自由民主党松本文明氏からの「**進学実績において、国立や私立の有力校に大きく水をあけられています。（中略）進学対策をより重視し、成果を上げるための具体的方策をとるべきと考えます。**」との意見に対して、「**進学実績の顕著な向上を目指すため、指導力のある教員の重点的な配置など、必要な支援を早急に実施してまいります。また、指定した重点校における指導方法の改善**などの成果につきましては、他校にも提供することにより、都立高校における進学対策のレベルアップに努めてまいります。」と答弁している。

　都議会という公の場で表明されている意見からうかがえる通り、1990年代のA県と同様に、受験請負指導をルールとする制度的環境が東京都においても成立したとみられるのである。この論理の類似性から、「地方公立進学高校制度」が都市へ普及した可能性を読み取れるが、そこに加え、受験指導改革を現場で担った教師たちの次のような動きが各種メディアを通じて伝えられていることからも、普及の可能性が推察できる。

　まず、いくつかの雑誌や新聞記事には、受験指導を確立しようとした都市部公立進学高校教師がそのノウハウを学ぶために地方公立進学高校教師と交流したことを示す様子が掲載されている。例えば、東京都の受験指導重点化施策の「成功」を担った日比谷高校の場合、2003年から15年間日比谷高校に勤務していた臼田浩一氏は、改革当初、まず取りかかったことが地方の公立進学高校の視察であったと述べていた[1]。元校長の長澤直臣氏も2009年に受けた雑誌記事の取材に対して、様々に行ってきた改革施策が、「**長澤個人の積年**

の経験や研究成果に加え、<u>各地の公立進学校や予備校などとの情報交換を通じて同校教職員が養ってきたノウハウの蓄積</u>」と述べている[2]。それ以外にも東京都教育委員会が、進学指導重点校や進学指導推進校の教師向けに地方の公立進学高校への視察を研修として企画していたこともあった[3]。神奈川県においては、同じく受験指導重点化施策の指定校となっている横浜翠嵐高校教師と地方公立進学高校教師との交流がうかがわれる。その様子を伝えた朝日新聞（2017年6月29日朝刊／神奈川全県）には、横浜翠嵐高校の校長室に、全国各地の公立進学校の名が書かれた分厚いファイルが並んでいるとの描写がある。2005年頃から翠嵐高校の当時の副校長、教頭が北海道から鹿児島まで公立トップの進学校を中心に実に30校あまりを訪問し、カリキュラムや指導方法を学んだという記事が掲載されていた。

　そして、都市部公立進学高校に「地方公立進学高校制度」が普及していると推察されるのは、都市部の公立進学高校が、「公立進学高校」であるというカテゴリーを強調する動きと関連している。例えば、日比谷高校はその前身であった東京府一中時代、イギリスのパブリックスクールのイートンスクールを模範としていた。東京府第一中学校に1916年に入学した成田安正氏の手記「自分史・中学生の頃」を参照した永井（2017）によれば、成田氏が在学していた当時の第10代校長の川田正澂氏の言葉が成田氏の手記には残されていたという。それは、「川田校長は英国の教育視察から帰ってきたばかりの頃で、英国イートンスクールを模範とし、一中はジェントルマン、即ち国士を養成するところといつも言っていた」（成田氏の手記引用部）という内容である。他にも、1994年に日比谷高校の同窓会組織である「如蘭会」会長を務めた長岡實氏（41年卒）は永井（2017）の取材に対し、一中の教育は、日本が戦争に進んでいる頃でさえも軍国主義を感じさせることはなかったと答える。そして、英語の授業は外国人教師が行っていたことを引き合いにだしながら、「一中が模範としたのがイートンであり、自由教育で生徒の個性を伸ばそうとしていました」と述べている（永井2007, p.248）。周知の通り、イギリスのイートンスクールとは、名門パブリック

スクールとしてイギリス国内で不動の地位にある。その学校に対して、日比谷高校は同朋意識を持とうとしていたのである。

　対して受験指導重点化施策による学校改革を担った日比谷高校の臼田氏は先に引用した雑誌記事のなかで、地方公立進学高校を視察した結果、地方公立進学高校に共通する特徴として「**近隣に予備校が少なく、受験勉強も全て自校内でサポートできる面倒見のよさ**」を理解したという。その影響なのか、その後、地方公立進学高校を形容していた「面倒見のよさ」という言葉は、日比谷高校や都立高校の受験指導への熱心さを表す形容語としても多用され、そして継承されていく様子が他のメディアからはうかがえる。2012年から日比谷高校の校長に就任した武田氏が記した実践記録には、「**面倒見の良い学校**」という節タイトルが付され、「**最近、雑誌などの取材を受けると、「日比谷は面倒見が良い」と書かれることが多くなりました**」（武内2017, p.96）と述べたのち、それを肯定する内容が滔々と記されている。

　以上の対比からわかるのは、日比谷高校が「仲間意識」を持つ学校が、イギリスの「名門校」から、日本の「地方公立進学高校」になった、という変化である。日比谷高校以外の都市部公立進学高校でも同様に、「公立進学高校」というカテゴリーを強調する次のような動きもみてとれる。東京都の日比谷高校、西高校、神奈川県の湘南高校、千葉県の県立千葉高校、船橋高校、埼玉県の浦和高校の6校の校長が「首都圏公立進学校校長会」という名称の会を結成したとのニュースが毎日新聞で報道されている[4]。そこに、開成高校でも、麻布高校でも、小石川中等教育学校でもない、上記の6校だけがまとまるのは、「公立進学高校」というカテゴリーを意識しているからである。つまり、都市部の学校が、「公立進学高校」を強調したところに、「地方公立進学高校制度」は普及し、都市部公立進学高校の受験指導のなかで生きながらえているのではないだろうか。

　今述べたことは仮説の域をでていないが、もし、「地方公立進学高校制度」が普及しているとすれば、都市部の受験指導もまた、いつの日か教師を追い

詰めるだけの「負の制度」となり果ててしまう可能性がある。

　実際、日比谷高校では校内テストや外部模試の結果を詳細に分析する年2回の会議が設けられており（長澤2010）、X高校の競争制度のように教師個人レベルで「責任」を明確化しうる仕組みが制度化されている。さらに東京都の受験指導重点化施策の実施状況の報告書（東京都 2011）をみると、試験結果の分析を組織的に行うことや、他学年や卒業生徒の比較を行うことを進学指導重点校に求めており（東京都2011, p.14-15）、教師同士を競争させる仕組みの整備をねらっている。

　都市部の公立進学高校における受験指導も、現在着実に制度化に向かいつつあると思われる。しかし、制度化されればされるほど、次第に様々な脱制度化圧力にさらされていくことで、競争制度が先鋭化する形で変容していくことも予想される。市場原理や競争原理を学校教育に導入しようとする新自由主義的改革と一体となって受験指導が制度化されている近年は、むしろA県X高校以上に、競争制度が先鋭化しやすい条件が整っているとさえいえる。そこに難関大学合格実績の伸び悩みが重なったとしたら、都市部の教師たちにはいかなる帰結が待ち受けているのだろうか。「地方公立進学高校制度」以上に、教師たちが達成感や自信を得難いなかで責任だけが自己増殖的に高められていく負の制度になる可能性が現実味を帯びてくる。

　都市部の受験指導重点化施策は今、その「成功」ばかりが注目を集めている。確かに、受験指導は「成果」が得られれば教師の充足感を満たす魅力的な制度である。しかし、「地方公立進学高校制度」のように、いつ負の側面が表に現れるかわからない。そのとき、教師たちに押し寄せるのは、過剰な責任感、徒労感だけである。都市部の公立進学高校が、「地方公立進学高校制度」の二の舞とならないことを祈りたい。

1 寺岡2018「日経ビジネスオンライン」「『我々はこうして復活した』変化に迫られる伝統校」2018/3/20掲載記事。
2 リクルートが発行する『キャリアガイダンス』2009年5月No.26の「シリーズ・改革者たち」に掲載記事。
3 東京都教育委員会 (2008) によれば、2004年度は栃木県立宇都宮高等学校、2005年度には群馬県立前橋高等学校、2006年度は埼玉県立浦和高等学校、2007年度は埼玉県立大宮高等学校が視察先となっている。
4 『毎日新聞』東京夕刊、2014年2月22日　1頁

引用文献一覧

Ahmadjian, C. L. and Robinson, P., 2001, "Safety in Numbers", *Administrative Science Quarterly*, Vol. 46, pp.622-654.

天野正子，1969，「専門職化をめぐる教師の意識構造について」『教育社会学研究』　第24集, pp.140-157.

有海拓巳，2011，「地方／中央都市部の進学校生徒の学習・進学意欲－学習環境と達成動機の質的差異に着目して」『教育社会学研究』第88集、pp.185-202.

Battilana, J. and Aunno, T., 2009 "Institutional work and the paradox of embedded agency" Lawewnce, T., Suddaby, R. and Leca, B. ed, Institutional Work; Actors and Agency in Institutional Studies of Organizations, Cambridge University Press, 2009, pp.31-58.

Battilana, J., Leca, B. and Boxenbaum, E., 2009 "How Actors Change Institutions: Toward a Theory of Institutional Entrepreneurship," The Academy of Management Annals, Vol.3, No.1, pp.65-107.

Becker, S. D., 2014, "When Organisations Deinstitutionalise Control Practices", *European Accounting Review*, Vol. 23, No. 4, pp.593-623.

Berger, P. L. and Luckmann, T., 1966, *The Social Construction of Reality*, Anchor, (=2003, 山田節郎訳『現実の社会的構成』新曜社).

Boxenbaum, E. and Penderson, J. S., 2009 "Scandinavian institutionalism-a case of institutional work" Lawewnce, T., Suddaby, R. and Leca, B. ed, *Institutional Work; Actors and Agency in Institutional Studies of Organizations*, Cambridge University Press, 2009, pp.178-204.

千田忠，1993，「青森県における進学率向上対策事業と学力競争の激化」教育科学研究会編『教育』No.557, 国土社, pp.26-35.

Christensen, S., Karnøe, P., Pendersen, J. S. and Dobbin, F., 1997 "Actors and Institutions: Editors' Introduction" *American Behavioral Scientist*, vol.40, pp.392-396.

Clemente, M. and Roulet, T. J., 2015, "Public Opinion As a Source of Deinstitutionalization", *Academy of Management Review*, Vol.40, No.1, pp.96-114.

Dacin, M. T. and Dacin, P. A. 2008, "Traditions as Institutionalized Practice", Greenwood, R. et al. eds, *The Sage Handbook of Organizational Institutionalism*, SAGE, pp.327-351.

DiMaggio, P. J., 1988 "Intrest and Agency in Institutional Theory." Zucker, L. G. ed, *Institutional Patterns and Organizations; Culture and Environment*, Ballinger Publishing Company, 1988, pp.3-21.

DiMaggio, P. J. and Powell, W. W., 1991 "Introduction." Powell, W. W. and DiMaggio, P. J. ed, *The Institutionalism in Organizational Analysis*, The University of Chicago Press Chicago and London, 1991, pp.1-38.

藤村正司，2018，「新制度主義」日本教育社会学会編『教育社会学事典』丸善出版, pp.90-91.

Gamoran, A., Secada, W. G., Marrett, C. B., 2000, "The Organizational Context of Teaching and Learning; Changing Theoretical Perspective", Hallinan, M. T., *Handbook of the Sociology of Education*, Kluwer Academic/Plenum Publishers, pp.37-63.

Gilmore, S. and Sillince, J., 2014, Institutional theory and change", *Jornal of Organizational Change Manegement*, Vol. 27, No.2, pp.314-330.

後藤誠也，1959，「高校の進学指導の学校差」『教育社会学研究』第14集, pp.43-54.

Greenwood, R. and Oliver, C. et al., 2017, "Introduction", Greenwood, R. et al. eds, *The Sage Handbook of Organizational Institutionalism 2nd edition*, SAGE, pp.1-23.

Greenwood, R. and Suddaby, R., 2006, "Institutional Entrepreneurship in Mature Fields", *Academy of Management Journal*, Vol.49, No.1, pp.27-48.

長谷川裕, 2003,「2. 教員の実践と教員文化の概念」久冨善之編『教員文化の日本的特質』多賀出版, pp.14-46.

樋田大二郎・耳塚寛明・岩木秀夫・苅谷剛彦編, 2000,『高校生文化と進路形成の変容』学事出版。

井原久光, 2008,『テキスト経営学 第3版』ミネルヴァ書房。

飯田浩之, 2007,「中等教育の格差に挑む－高等学校の学校格差をめぐって」『教育社会学研究』第80集, pp.41-60.

伊佐夏実, 2009,「教師ストラテジーとしての感情労働」『教育社会学研究』第84集, pp.125-144.

伊佐夏実, 2010,「公立中学校における『現場の教授学』－学校区の階層的背景に着目して」『教育社会学研究』第86集, pp.179-198.

伊藤敬, 1973,「『教師の社会学』に関する文献」『教育社会学研究』第28集, pp. 187-206.

伊藤敬, 1971,「教員の専門職意識の構造」『教育社会学研究』第26集, pp.152-167.

稲垣恭子, 1989,「教師－生徒の相互行為と教室秩序の構成」『教育社会学研究』第45集, pp.123-135.

稲垣忠彦, 1958,「教師の意識構造」『教育社会学研究』第13集, pp.51-66.

岩井八郎, 2010,「第12章 制度としての教育・組織としての学校」岩井八郎・近藤博之編『現代教育社会学』有斐閣, pp.209-228.

岩木秀夫, 2000,「2章 高校教育改革の動向－学校格差体制（日本型メリトクラシー）の行方」樋田大二郎・耳塚寛明他編『高校生文化と進路形成の変容』学事出版, pp.21-47.

陣内靖彦,1986,「教育改革と教師－パフォーマンス・モデルの視野」『教育社会学研究』第41集, pp.50-66.

上山浩次郎, 2013,「大学進学率における地域間格差拡大の内実－大学収容力との比較を通して」『北海道大学大学院教育学研究院紀要』第118集, pp.99-119.

金子真理子, 2010,「教職という仕事の社会的特質－『教職のメリトクラシー化』をめぐる教師の攻防に注目して」『教育社会学研究』第86集, pp.75-94.

苅谷剛彦, 1981,「学校組織の存立メカニズムに関する研究－高等学校の階層構造と学校組織」『教育社会学研究』第36集, pp.63-73.

苅谷剛彦, 1995,『大衆教育社会のゆくえ－学歴主義と平等神話の戦後史』中央公論社。

苅谷剛彦・安藤理・有海拓巳他, 2007,「地方公立進学高校におけるエリート再生の研究」『東京大学大学院教育学研究科紀要』第47巻, pp.51-86.

勝野正章 2012「学校の組織と文化」小川正人・勝野正章編『教育行政と学校経営』放送大学教育振興会, pp.172-187.

風間愛理, 2007,「ポスト・メリトクラシーにおける高校進路指導－若年労働市場の狭隘化と学校組織の変容」『人間文化創成科学論叢』第10号, pp.187-196.

King, R. 1971. *School organization and pupil involvement: A study of secondary school.* London and Boston: Rooutlrdge & Kegan Paul.

King, R., 1983, "Approaches to school organization", *The sociology of school organization*, Methuen, pp.12-35.

小林哲夫, 2009,『東大合格高校盛衰史』光文社。

古賀正義, 2001,『「教えること」のエスノグラフィー－「教育困難校」の構築過程』金子書房。

河野和清, 2000,「11章 学校組織論」日本教育経営学会編『シリーズ 教育の経営 5巻 教育経営研究の理論と軌跡』玉川大学出版部, pp.171-188.

久冨善之編, 1988,『教員文化の社会学的研究』多賀出版。

久冨善之, 1993,『競争の教育』労働旬報社。

久冨善之編, 2003,『教員文化の日本的特性－歴史・実践・実態の探究を通じてその変化と今日的課題をさぐる』多賀出版。

桑田耕太郎・田尾雅夫, 2010,「14章　組織学習と変革」『組織論　補訂版』有斐閣, p.295-315.

教育科学研究会編, 1993.1,『教育－特集・学力競争列島 日本』No.557, 国土社。

教師集団研究会(牧野巽代表), 1962,「教師集団と学校経営」『教育社会学研究』　第17集, pp.2-49.

Lawewnce, T., Suddaby, R. and Leca, B., 2009 "Introduction: theorizing and studying institutional work," Lawewnce, T., Suddaby, R. and Leca, B. ed, *Institutional Work; Actors and Agency in Institutional Studies of Organizations*, Cambridge University Press, 2009, pp.1-27.

Maguire, S. and Hargy, C., 2009, "Discourse and Deinstitutionalization", *Academy of Management Journal*, Vol.52, No.1, pp.148-178.

Meyer, J. W. and Rowan, B., 1977, "Institutionalized Organization: Formal Structure as Myth and Ceremony", *American Journal of Sociology*, vol.83, pp.340-363.

耳塚寛明, 1980,「生徒文化の分化に関する研究」『教育社会学研究』第35集, pp.111-122.

耳塚寛明, 1982,「学校組織と生徒文化・進路形成－『高校生の生徒文化と学校経営』調査から」『教育社会学研究』第37集, pp.34-46.

耳塚寛明・油布佐和子・酒井朗, 1988,「教師への社会学的アプローチ－研究動向と課題」『教育社会学研究』第43集, pp. 84-120.

耳塚寛明, 1992,「第4章　社会組織としての学校」柴野昌山・菊池城司・竹内洋編『教育社会学』有斐閣, pp.72-90.

耳塚寛明, 1993,「学校社会学研究の展開」『教育社会学研究』第52集, pp. 115-136.

箕浦康子編, 1999『フィールドワークの技法と実際－マイクロ・エスノグラフィー入門』ミネルヴァ書房。

箕浦康子, 2009,「第1章　フィールドワークにおけるポジショニング」箕浦康子編『フィールドワークの技法と実際Ⅱ－分析・解釈編』ミネルヴァ書房, pp. 2-17.

森一平, 2011,「相互行為のなかの「知っている」ということ」『教育社会学研究』第89集, pp.5-25.

永井隆, 2007,「名門高校　俊英の軌跡　日比谷高校［上］」『中央公論』中央公論新社, pp.244-249

長澤直臣, 2010,『日比谷復権の真実』学事出版。

中村高康, 2011,『大衆化とメリトクラシー』東京大学出版会。

中西祐子, 1998,『ジェンダー・トラック－青年期女性の進路形成と教育組織の社会学』東洋館出版社。

新堀通也,1973,「現代日本の教師－葛藤を中心として」『教育社会学研究』第28集, pp.4-17.

二関隆美・日比高一・河野重男, 1960,「教師の職場組織とモラール(教育経営における教師集団の人間関係の研究－中間報告－)」『教育社会学研究』第15集, pp.25-42.

越智康詞・紅林伸幸, 2010,「教師へのまなざし、教職への問い－教育社会学は変動期の教師をどう描いてきたのか」『教育社会学研究』第86巻, pp.113-136.

小川洋, 2000,『なぜ公立高校はダメになったのか』亜紀書房。

小黒恵・冨田知世, 2014,「公立進学高校における探究学習の教育課程化と生徒の学習・進路選択」『「社会に生きる学力形成をめざしたカリキュラム・イノベーション」研究プロジェクト　平成25年度　報告書』東京大学大学院教育学研究科附属学校教育高度化センター, pp.75-108.

Oliver, C., 1992, "The Antecedents of Deinstitutionalization", *Organization Studies*, Vol.13, pp.563-588.

大澤真幸, 2012,「行為」大澤真幸・吉見俊哉・鷲田清一編『現代社会学事典』弘文堂, pp.384-386.

大谷信介・木下栄二他, 2005,『社会調査へのアプローチ　第2版　－論理と方法』ミネルヴァ書房。

大多和直樹, 2014,『高校生文化の社会学－生徒と学校の関係はどう変容したか』有信堂。

大坪嘉昭, 1973, 「小学校の学級における教師の指導活動と生徒の行動選択」『教育社会学研究』第28集, pp.106-117.

Powell, W. W. and Colyvas, J. A., 2008 "Microfoundations of Institutional Theory." Greenwood, R., Oliver, C., Sahlin, K. and Suddaby, R. ed, *The SAGE Handbook of Organizational Institutionalism*, SAGE, 2008, pp.276-298.

Prasad, P., 2005, Crafting Qualitative Research: Working in the Postpositivist Traditions, Routledge, (=2018, 箕浦康子監訳『質的研究のための理論入門－ポスト実証主義の諸系譜』ナカニシヤ出版).

酒井朗, 1988, 「学校内におけるカリキュラムの組織化過程に関する研究－習熟度別学級編成を中心として」『教育学研究』第55巻, 3号, pp.248-256.

酒井朗・島原宣男, 1991, 「学習指導方法の習得過程に関する研究－教師の教育行為への知識社会学的接近」『教育社会学研究』第49集, pp.135-153.

佐々木英一, 1993, 「凝縮される学力競争－鹿児島からの報告」『教育－特集・学力競争列島 日本』国土社, No.557,pp.36-43.

佐々木洋成, 2006, 「教育機会の地域間格差－高度成長期以降の趨勢に関する基礎的検討」『教育社会学研究』第78集, pp.303-320.

佐藤郁哉・山田真茂留, 2004, 『制度と文化』日本経済新聞出版社.

佐藤郁哉, 2015, 『社会調査の考え方(上)』東京大学出版会.

Scott, W. R., 1995 " Introduction; Institutional Theory and Organizations." Scott, W. R. and Christensen, S. ed, *The Institutional Construction of Organizations*, SAGE, 1995, pp.xi - xxiii.

Scott, W. R. 2003 "Introduction", in Thompson, J.D. 1967 Organizations in Action, McGraw-Hill Companies, pp.vii-xix. (大月博司・廣田俊郎訳 2012「再版への序文」『行為する組織』同文舘出版)

Scott, W. R. 2003 "Institutional carriers: reviewing modes of transporting ideas over time and space and considering their consequences." Industrial and Corporate Change, Vol. 12, No.4, Oxford University Press, pp.879-894.

Scott, W. R. 2004, "Reflection on Half-Century of Organizational Sociology", *Annual Review of Sociology*, Vol.30, pp.1-21.

Scott, W. R., 2014, *INSTITUTIONS AND ORGANIZATIONS: ideas, interests and identities 4th edition*, SAGE.

Scott, J. ed, 2014 , "action theory" *A Dictionary of Sociology 4th edition*, Oxford University Press, p.5.

仙崎武, 1977, 「進路指導の実態と課題－中学校・高等学校における指導体制と実践を中心にして」『教育社会学研究』第32集, pp.31-50.

志水宏吉, 1987, 「学校の成層性と生徒の文化－学校文化論への一視角」『教育社会学研究』第42集, pp.167-181.

志水宏吉, 2004, 『教育のエスノグラフィー－学校現場のいま』嵯峨野書院。

志水宏吉, 2018, 「イギリス新教育社会学とその影響」日本教育社会学会編『教育社会学事典』丸善出版, pp.58-59.

清水睦美, 1998, 「教室における教師の『ふるまい方』の諸相－教師の教育実践のエスノグラフィー」『教育社会学研究』第63集, pp.137-156.

Strang, D. and Meyer, J. W., 1993, "Institutional conditions for diffusion", *Theory and Society*, Vol. 22, pp.487-511.

杉尾宏, 1988, 「教師の教育行為の社会学的分析－「状況の定義」論から教育労働過程論の構築に向けて」『教育社会学研究』第43集, pp.31-44.

住岡敏弘, 2000,「4章 経営過程論」日本教育経営学会編『シリーズ 教育の経営 5巻 教育経営研究の理論と軌跡』玉川大学出版部, pp.64-75.

鈴木啓和, 2008,「都立高校における進学指導重点校に関する一考察－制度決定の過程と公募制人事の影響に注目して」『東京大学大学院教育学研究科教育行政学論叢』第27集, pp.99-119.

鈴木雅博, 2012,「生活指導事項の構築過程における教師間相互行為－日常言語的な資源としてのレトリックに着目して」『教育社会学研究』第90集, pp.145-167.

鈴木雅博, 2015,「教員コードによる職員会議の秩序構築－解釈的アプローチによる相互行為分析」『日本教育経営学会紀要』第57巻, pp.64-78.

高野桂一・日本教育社会学会編集部, 1960,「教育組織体の性格－その構造と問題」『教育社会学研究』第15集, pp.2-11.

武内彰, 2017,『日比谷高校の奇跡』祥伝社。

武内清・苅谷剛彦・浜名陽子, 1982,「学校社会の動向」『教育社会学研究』第37集, pp.67-82.

竹内洋, 1995,「学校効果というトートロジー」竹内洋・徳岡秀雄編『教育現象の社会学』世界思想社, pp.2-18.

田中一生・白石義郎・蓮尾直美・田中統治・西川典洋, 1976,「高等学校の組織構造と生徒の Involvement に関する調査研究」『九州教育学会研究紀要』第4巻, pp.153-183.

田中葉, 1999,「『総合選択制高校』科目選択制の変容過程に関する実証的研究－自由な科目選択の幻想」『教育社会学研究』第64集, pp.143-163.

東京都教育委員会 2008『進学指導重点校 進学指導特別推進校 取組状況報告－都立学校の進学指導の充実に向けて』http://www.kyoiku.metro.tokyo.jp/school/designated_and_promotional_school/reformation/priority_school/report2008.html（2018年10月12日取得）

東京都教育委員会, 2011,『進学指導重点校等における進学対策の取組について』

東京都教育委員会, 2017,「都立高校における進学指導重点校等の指定について」報道発表資料 http://www.metro.tokyo.jp/tosei/hodohappyo/press/2017/08/24/27.html（2018年10月12日取得）

Tolbert, P. S. and Zucker, L. G., 1996, "The Institutionalization of institutional theory", *Handbook of Organization Studies*, ed. Clegg, S. R., Cynthia Hardy, and Nord, W. R., pp.175-190, London: Sage

上野千鶴子, 2018,『情報生産者になる』ちくま新書。

宇野一, 1961,「教職生活における高校教師の意識」『教育社会学研究』第16集, pp.54-66.

Weick, K. E., 1976, "Educational Organizations as Loosely Coupled Systems", *Administrative Science Quarterly*, Vol.21, pp.1-19.

Weick, K. E., 1982, "Administering Education in Loosely Coupled Schools", The Phi Delta Kappan, Vol.63, No.10, pp.673-676.

黄順姫, 1998,『日本のエリート高校』世界思想社。

山田真茂留, 2017,『集団と組織の社会学』世界思想社。

山田哲也・長谷川裕, 2010,「教員文化とその変容」『教育社会学研究』第86集, pp.39-58.

山村賢明, 1982,「解釈的パラダイムと教育研究－エスノメソドロジーを中心にして」『教育社会学研究』第37集, pp.20-33.

吉田美穂, 2007,「『お世話モード』と『ぶつからない』統制システム－アカウンタビリティを背景とした『教育困難校』の生徒指導」『教育社会学研究』第81集, pp. 89-109.

油布佐和子, 1988,「第3章 教員集団の実証的研究－千葉県A市の調査を手掛かりとして」久冨善之編『教員文化の社会学的研究』多賀出版, pp.147-208.

Zucker, L. G., 1988, "Where do Institutional Patterns come from? Organizations as Actors in Social Systems" Zucker, L. G. ed, *Institutional Patterns and Organizations*, Ballinger Publishing Company, pp.23-49.

初出一覧

序章　高校教師の行為はいかに理解できるのか
・書き下ろし

I. 理論編

第1章 高校教師の行為を形作る認知的枠組み概念の検討
・冨田知世, 2012,「高校教師の社会学－動向と課題」『東京大学大学院教育学研究科紀要』第52巻, pp.183-191.をもとに大幅に加筆修正
・冨田知世, 2019,「公立進学高校における進学指導の制度化とその帰結－1990年代以降の東北地方X高校を事例として」『子ども社会研究』25号, pp.127-145.の一部をもとに加筆修正

第2章　新制度派組織社会学における分析概念の検討
・冨田知世, 2014,「新制度論的アプローチによるミクロレベル組織分析－展開可能性の検討」『東京大学大学院教育学研究科紀要』第54巻, pp.91-98.をもとに加筆修正
・冨田知世, 2015,「「進学校」制度の確立過程と教師の主体性－東北地方X高校を事例として」『東京大学大学院教育学研究科紀要』第55巻, pp.119-128.をもとに加筆修正
・冨田知世, 2015,「「進学校」制度の普及過程に関するミクロレベル組織分析」『教育社会学研究』第96集, pp.283-302.をもとに加筆修正
・冨田知世, 2019,「公立進学高校における進学指導の制度化とその帰結－1990年代以降の東北地方X高校を事例として」『子ども社会研究』25号, pp127-145.をもとに加筆修正

Ⅱ. 分析編

第3章　東北地方A県における受験指導重点化施策
・書き下ろし

第4章　X高校の受験請負指導の確立と継承
・冨田知世, 2015,「「進学校」制度の確立過程と教師の主体性－東北地方X高
　校を事例として」『東京大学大学院教育学研究科紀要』第55巻, pp.119-128.
　をほぼ再掲
・冨田知世, 2019,「公立進学高校における進学指導の制度化とその帰結－
　1990年代以降の東北地方X高校を事例として」『子ども社会研究』25号,
　pp.127-145.をほぼ再掲

第5章　Y高校への普及と「地方公立進学高校制度」の完成
・冨田知世, 2015,「「進学校」制度の普及過程に関するミクロレベル組織分
　析」『教育社会学研究』第96集, pp.283-302.をもとに加筆修正

第6章　「地方公立進学高校制度」の脱制度化と帰結
・冨田知世, 2019,「公立進学高校における進学指導の制度化とその帰結－
　1990年代以降の東北地方X高校を事例として」『子ども社会研究』25号,
　pp.127-145.をほぼ再掲

終章　「文化－認知的制度モデル」の提示と「地方公立進学高校制度」の行方
・冨田知世, 2019,「公立進学高校における進学指導の制度化とその帰結－
　1990年代以降の東北地方X高校を事例として」『子ども社会研究』25号,
　pp.127-145.を一部再掲
・ほぼ書き下ろし

あとがき

　本書は 2019 年 6 月 19 日に東京大学大学院教育学研究科より受理された博士学位論文「地方公立進学高校の受験指導——文化－認知的制度の確立と変容」に加筆修正したものである。なお、本書の研究は、JSPS 科研費 14J12250 および 16H07394 の助成を受けた。

　2006 年 4 月、私は東北地方の公立進学高校から東京の大学に進学した。
　高校 3 年間は私にとって厳しいものであった。卒業後は東京に行きたいと漠然としか思っていなかった私に、高校入学と同時に教師たちから示された「東北大」や「東大」といった大学名は、はるか遠く雲のうえにあった。周りに座っている級友はとても頭がよくみえ、自分がこの高校でやっていけるのか不安になった。それから猛烈なアスピレーションの加熱と試験競争の日々が始まった。私は幸いに、教師たちの「受験指導」に適応できた生徒であった。しかし、本書で触れることはできなかったが、級友のなかにはいつの間にか姿を消してしまう者もいた。
　教師たちは長時間働いていた。常に職員室は開かれていて、休み時間になれば教師の前には質問に来た生徒たちの列ができていた。生徒の頃は気づかなかったが、教師たちに休みはなかった。部活動の顧問をしてくれていた先生は、夏休み期間中も大学入試問題の研究に勤み、その合間をぬって私たちの練習をみに来てくれた。とにかく、私たち生徒の大学受験であるはずが、実態は教師に背負われて、合格に向けた走路を通っているにすぎなかったのである。
　大学合格という結果を手にできたことが自分の「能力＋努力」の結果というよりも、「恵まれた環境」に大きく依存するのがこの日本社会であると知ったのは、入学したお茶の水女子大学で耳塚寛明教授の教育社会学講義を受けてのことである。その後、大学進学率の都道府県間格差に関する論文を目に

した。とても驚いた。東北地方の女子の四年制大学進学率が低水準であったからだ。なぜ私は大学進学できたのか。自身の家庭環境はもちろんであるが、何よりも母校の教師たちの存在が強く思い出された。

　高校教育改革は1984年の臨時教育審議会以降、大きく動いており、母校の教師たちのような受験指導は、国の教育改革論者からすれば「知識偏重教育」や「偏差値教育」などと批判されるもので、「本当の教育」ではないらしい。しかし、そこで語られる、ある種ステレオタイプ化された受験指導像は、実態に即さない空虚なものに思えた。そして何よりも、その受験指導が、地方出身の高校生にとって、都市部の難関大学に進学できる「頼みの綱」となっている事実が看過されていた。

　「本当の教育」とは何かという議論からいったん離れ、地方の公立進学高校で行われている教育の実態を理解することから始めたい。これが、本書の根源にある動機である。本書で描き出したのは、都市部との学力格差縮小という社会的使命を帯び、そして教師たち自らが力量を磨き上げようとしたなかで生まれた受験指導であった。しかし、一度囚われれば容易に抜け出ることができず、過剰な負担で教師たちを押しつぶす危険性もあわせ持っていた。これらの複雑な実態を無視し、国が「本当の教育」なるものを語って新しい教育改革を推し進めれば、現場の教師たちはただただ疲弊していくばかりである。

　都市と地方との間には、未だに深刻な大学進学機会の格差がある。1990年代の地方県教育委員会は限られた資源を投じて、公立進学高校の受験指導の充実に力を注いできた。しかし、その資源が縮小していくなかで、地方から都市への大学進学支援は限界を迎えつつある。「地方創生」が声高に掲げられる現在、（県外都市部の難関）大学へと生徒を送り続ける地方公立進学高校の受験指導と地方県教育委員会の支援は正当性を得ることが難しい状況にある。つまり、「地方創生」という昨今のスローガンは、地方から都市への大学進学ルートの本格的な縮小に向けた合図なのかもしれない。都市と地方の大学進

学機会の格差は再び拡大し、そして固定化してしまうのだろうか。「地方創生」の名のもとに地方県高校生の多様な進学機会が奪われることのないよう、注視していく必要があるだろう。

　最後に、本書の完成にあたり、お世話になった方々に感謝の意を述べたい。まず、調査にご協力を賜ったＸ高校の先生、そしてＹ高校の先生、またＡ県教育委員会関係者の皆様に、厚く御礼申し上げたい。お名前を直接記すことはできないが、筆者の調査に対し生徒のこと、学校のことを真剣に語る先生方の姿に、私自身も刺激を受けた。私の「問い」は常に先生方の「声」から得られると感じている。

　私が本格的に研究を始めたのは、東京大学大学院教育学研究科比較教育社会学コースの修士課程へと進学をした年である。「比教社（ひきょうしゃ）」と呼ばれる研究室の仲間たちとほぼ毎日、朝から晩まで過ごす日々のなかで、批判的な思考や論文の書き方、ディスカッションの方法など、研究者として必要なふるまいを学びとることができたように思う。自由な環境・時間のなかで「知りたい」を突き詰められた大学院時代と、ともに過ごした研究者仲間の存在は、私の一生の財産である。

　修士課程時代の指導教員を務めてくださったのは、本田由紀教授（東京大学）であった。私はあまりに無知な学生であったと思う。「地方の公立進学高校」という限定的な関心しかなかった私に対して、格差社会や貧困問題、若年層の雇用環境の悪化など、日本社会全体を大きく眺め、それに立ち向かい、戦う姿をみせてくださった。私の研究者像に大きな影響を及ぼしている。

　そして、博士課程時代に筆者の指導教員を務めてくださり、本書の完成を支えてくださったのが、橋本鉱市教授（東京大学）である。本書・博士論文の審査における主査も担当くださった。先生は元東北大学にお勤めで、Ｘ高校を始めとして、東北地方の公立進学高校から東北大学に進学した学生と身近に接する経験をお持ちだった。そのこともあってか、筆者の研究に修士論文の頃から興味を持っていただけたように思う。先生は高等教育をご専門とされ

ているが、組織論や新制度論に対する深い理解にもとづき、筆者に対して重要なアドバイスをくださった。自信を失うことなく、本書を書き切ることができたのは、「ミクロレベルがあなたの強みでしょ」との一貫した励ましを先生からいただいたおかげである。

　本書・博士論文の審査で副査を務めてくださった、中村高康教授（東京大学）、額賀美紗子准教授（東京大学）、勝野正章教授（東京大学）、酒井朗教授（上智大学）にも感謝を申し上げたい。審査期間中、何度も有益なご指摘を頂戴し、また、口頭試験の際にも多様な視点を提供くださった。選抜制度、高校教育、教師研究、質的調査それぞれに対して高度な知識をお持ちの先生方に、本書を審査いただき合格できたことは、研究者として歩みを進める筆者には、何よりも自信になる。

　ここに記した先生方のお力添えのもと、本書を完成することができた。すべての方に心から感謝申し上げたい。

　筆者の大学院進学、さらに博士課程進学という選択は、故郷の両親にとっては予想外の「出費」であったと思う。「もう1人子供がいたと思えばいいべした」と父を説得してくれた母、それを聞いて（意外にも）すんなり頷いてくれた父をみて、私は家族に支えられていることを実感した。そして夫や夫の両親、3歳になる息子、そして夫の2人の妹も、筆者の研究を支えてくれた。多くの方々に応援してくださったおかげで、この研究を成し遂げることができた。深く深く、感謝申し上げたい。

　最後に、本書の出版に力を貸していただいた東洋館出版社と、出版の相談に熱心に乗ってくださった編集者の村田瑞記様にもお礼を申し上げたい。

2020年1月9日

中村（冨田）知世

著者略歴

中村 (冨田) 知世 (なかむら・ちよ)

1987年生まれ。東京大学大学院教育学研究科博士課程修了 (2019年、教育学博士)

日本学術振興会特別研究員を経て、現在、大月市立大月短期大学経済科准教授

専攻：教育社会学

主要業績

「公立進学高校の授業時間配分と正当性」『子ども社会研究』20号 (日本子ども社会学会、20周年記念論文・優秀論文賞受賞、2014年)、「「進学校」制度の普及過程に関するミクロレベル組織分析」『教育社会学研究』第96集 (日本教育社会学会、2015年)、「公立進学高校における進学指導の制度化とその帰結」『子ども社会研究』25号 (日本子ども社会学会、2019年)

地方公立進学高校の受験指導
ミクロレベルから見る
文化－認知的制度の確立と変容

2020 (令和2) 年9月30日 初版第1刷発行

著　者	中村知世
発行者	錦織 圭之介
発行所	株式会社 東洋館出版社
	〒113-0021 東京都文京区本駒込 5丁目16番7号
営業部	電話 03-3823-9206
	FAX 03-3823-9208
編集部	電話 03-3823-9207
	FAX 03-3823-9209
振替	00180-7-96823
URL	http://www.toyokan.co.jp
デザイン	今垣 知沙子
印刷	藤原印刷株式会社
製本	牧製本印刷株式会社
ISBN	978-4-491-04275-6

Printed in Japan